LE LAPIN NAIN

G. Ravazzi

LE LAPIN NAIN

ÉDITIONS DE VECCHI S.A.
52, rue Montmartre
75002 PARIS

Malgré l'attention portée à la rédaction de cet ouvrage, l'auteur ou son éditeur ne peuvent assumer une quelconque responsabilité du fait des informations proposées (formules, recettes, techniques).
Il est conseillé, selon les problèmes spécifiques – et souvent uniques – de chaque lecteur, de prendre l'avis de personnes qualifiées pour obtenir les renseignements les plus complets, les plus précis et les plus actuels possible.

L'auteur remercie tous les amis qui ont collaboré à la recherche du matériel nécessaire pour la réalisation de ce livre.
Un remerciement particulier pour son ami C. Ermelindo qui a fourni la plupart des sujets photographiés et son indispensable expérience d'éleveur.

Les photos de couverture et de l'intérieur nous ont été aimablement fournies par l'auteur

Traduction de Raffaella Ruggeri

Imprimé en Italie

Sommaire

Introduction

Le lapin nain fait aujourd'hui partie des animaux domestiques les plus répandus et les plus aimés. L'explication de ce phénomène est à rechercher dans la nature sympathique de ce « léporidé ». Il s'agit, en effet, d'un animal extrêmement sociable, très docile, facile à domestiquer et très doux dans le contact avec les enfants. Il ne se montre presque jamais agressif même s'il est « manipulé » sans beaucoup d'égards. C'est pourquoi il peut devenir le compagnon de jeux des jeunes enfants qui, malgré leur manque de connaissance sur la façon dont on doit traiter les animaux, ressentent déjà le besoin d'un contact physique avec eux.

Il s'agit en outre d'un animal de petite taille, qui n'a pas besoin de grands espaces pour bien vivre, qui n'a pas d'exigences alimentaires particulières et qui est facile à rendre heureux. Lorsqu'il est tout jeune, il s'habitue à vivre libre dans la maison et à faire ses besoins dans un bac à sable, tout comme le font les chats.

Le succès du lapin nain est un phénomène relativement récent. En effet, même si l'élevage des lapins de petite taille existe depuis de nombreuses années, c'est seulement très récemment qu'on a fait d'eux des animaux de compagnie. Désormais, on les trouve dans pratiquement toutes les animaleries et dans les petits marchés de quartier.

Pour offrir au lapin nain tout ce dont il a besoin afin de mener une existence agréable, nous devons apprendre à bien le connaître, à cerner ses besoins d'espace, de compagnie, et ses besoins alimentaires. En ce qui concerne l'habitat et l'alimentation, l'industrie propose de nombreux produits très bien adaptés : des cages de tailles et de formes adaptables aux grands jardins aussi bien qu'aux petits appartements ; des aliments granulés et des mélanges de graines qui, en complément des aliments frais, assurent la bonne santé du petit animal. En ce qui concerne la compagnie, il faut savoir que si nous avons peu de temps à lui consacrer, mieux vaut ne pas le laisser seul tout le temps.

En effet, s'il est vrai que le lapin nain est curieux et très calme, se contentant de jouer avec ce qu'il trouve dans sa cage, il est tout aussi vrai que la compagnie le rend plus heureux. Par conséquent, si nous pouvons lui consacrer un peu de notre temps pour le caresser et jouer avec lui, il est possible de n'en avoir qu'un, et si par contre nous ne disposons pas de temps, il est préférable d'en élever au moins deux.

L'objectif de ce livre est de traiter de façon complète et simple toutes les questions que pose l'élevage de ce petit animal qui mérite pleinement la réputation de « rigolo » qu'on lui attribue.

Lapin Hermine dans un pré

HISTOIRE, MORPHOLOGIE ET VARIÉTÉS

Le lapin dans la nature

Avant de passer à la description de ce petit animal, il faut d'abord préciser que le lapin nain n'est pas une espèce, c'est-à-dire qu'il ne forme pas avec ses semblables un ensemble d'individus ayant des caractéristiques biologiques et morphologiques identiques telles qu'elles les rendent différents de tout autre ensemble d'individus. Le lapin nain constitue en effet une race, c'est-à-dire qu'il forme un groupe à l'intérieur d'une espèce et se différencie des autres groupes faisant partie de la même espèce par des caractéristiques bien à lui.
De nos jours la sélection opérée en captivité a permis de créer une variété remarquable de races et de couleurs ; par conséquent, lorsqu'on parle de lapin nain on fait référence à diverses races qui ont en commun une petite taille, un ca-

Ce lapereau vient d'être lâché dans un pré et hume l'herbe pour se familiariser avec ce milieu

ractère domestique et sociable et une grande variété de pelages.

Bref historique

L'histoire du lapin remonte à une époque très ancienne. Le lapin a fait son apparition sur terre pendant le Pléistocène, il y a environ un million d'années. Il est apparu d'abord dans le nord de l'Europe, mais les mauvaises conditions climatiques le firent migrer vers le Sud pour coloniser les régions méditerranéennes. Par la suite, grâce aux commerçants portugais et aux navigateurs normands, cet animal fit son apparition sur des îles telles que Madère, les Açores et, vers le XIIe siècle, en Grande-Bretagne.
Les témoignages historiques concernant le lapin datent de quelques siècles avant Jésus-Christ.
Xénophon (430-355 av. J.-C.) nous a fourni une description détaillée du lapin, qu'il range aux côtés du lièvre, et auquel il attribue le nom d'*Oryctolagus cuniculus* qui est encore aujourd'hui le nom scientifique du lapin sauvage, espèce qui est à l'origine de toutes les races de la-

Ce lapin nain se repose tranquillement dans l'herbe

pins domestiques. Aristote (384-322 av. J.-C.), qui se consacra à l'observation de la nature, fit également une étude sur cet animal et le classa comme *Oryctolagus dasypus*.
Des témoignages encore plus anciens sur les lapins se retrouvent dans les papyrus égyptiens, où sont représentés des hommes qui transportent, en les tenant par les oreilles, des animaux qui ressemblent beaucoup aux lapins domestiques de nos jours.
Il semblerait que les Phéniciens connaissaient également très bien ces animaux puisqu'ils les rencontrèrent en grand nombre dans les Pyrénées vers 1100 av. J.-C.

Le lapin à l'état sauvage

Le lapin est un animal à l'instinct grégaire qui, libre dans la nature, vit en groupes composés en général d'un nombre d'individus variant de quelques unités à plus de cent cinquante sujets. À l'intérieur de ces groupes, les mâles sont souvent plus isolés, alors que les femelles vivent en contact étroit entre elles et avec leur progéniture, afin de mieux la défendre et l'allaiter.
Les lapins aiment vivre dans les régions vallonnées ou dans les plaines à condition que l'endroit soit bien exposé au soleil et, de préférence, sur un terrain sablonneux afin de pouvoir facilement creuser le sol, formant un enchevêtrement de galeries. De cette façon les lapins construisent un véritable espace de vie avec des terriers pour dormir et élever les portées. Situés à un mètre de profondeur environ, ces terriers sont souvent tapissés de brins d'herbe, de feuilles sèches et de poils, que fournit la femelle pour les rendre plus douillets et confortables.
Il arrive parfois que ces galeries abîment la végétation, mais cela est assez rare. Les principaux dégâts pour la nature sont causés par les dents robustes du lapin qui, pour se nourrir, dévore tous les types de végétaux qu'il rencontre sur son chemin. Sont particulièrement sensibilisés à ce problème les peuples des régions où cet animal s'est énormément développé à cause de l'absence de prédateurs.
L'Australie en est un exemple ; en effet, dans ce pays, à partir de la fin du siècle dernier, le lapin a été considéré comme un terrible fléau.
Tout a commencé probablement en 1859, lorsqu'un propriétaire terrien de l'État de Victoria a libéré une trentaine de lapins dans son domaine. Grâce aux conditions climatiques favorables et à l'abondance de la végétation, le lapin a pu se reproduire très rapidement, au point qu'en 1871 le gouvernement dut prendre des mesures pour limiter la reproduction des lapins. Vers la fin du XVIIIe siècle, l'Australie comptait plus de trente millions de lapins qui avaient envahi une superficie

TERRIER DE LAPIN SAUVAGE

*A. **Entrées** : elles peuvent être nombreuses. **Galeries** : elles sont nombreuses et très enchevêtrées.*
*B. **Chambre pour la mise bas** : habituellement, elle est spacieuse et tapissée pour être accueillante. Elle est située en hauteur de sorte que si de l'eau pénètre dans le terrier, le nid reste protégé.*
*C. **Chambres de repos** : il y en a plusieurs. Elles sont moins grandes que celle pour la mise bas et sont directement reliées aux galeries.*

dépassant les quarante millions de kilomètres carrés.

Pour lutter contre la prolifération de cette population, tous les moyens mis à disposition furent utilisés : des poisons, des primes aux chasseurs, la libération de furets et d'autres prédateurs, la mise en place de clôtures pour protéger les pâturages destinés aux moutons. Malheureusement, toutes ces mesures furent vaines. En effet, de nos jours en Australie la lutte contre cet animal est encore acharnée. Chaque année sont tués environ cent millions de lapins (parmi lesquels on compte les lapins d'élevage) et malgré cela, on recense encore huit cents millions de sujets.

D'autres pays connaissent la même situation. C'est le cas de la Nouvelle-Zélande, où les colons introduisirent cet animal en 1840 et où l'on commença à promulguer, à

partir de 1864, les premières lois pour limiter le surpeuplement de cette espèce déjà assimilée à un véritable fléau.
Sur le continent américain, l'introduction du lapin eut des conséquences différentes suivant sa localisation géographique.
Dans le Nord, par exemple, la présence de prédateurs et des conditions géoclimatiques moins favorables ont déterminé une situation d'équilibre de sorte que les éleveurs n'ont pas supporté les dégradations dues aux lapins.
Dans le Centre et le Sud, par contre, la situation s'est révélée différente : par exemple, au Chili, au début du XIXe siècle, des lapins domestiques ont été remis en liberté, ce qui a provoqué un déséquilibre ; le même problème a eu lieu dans de petites îles telles que l'île de San Juan, face à Washington.
Le lapin est connu pour sa légendaire fécondité. Dans des conditions idéales, une femelle peut porter jusqu'à six fois par an, pendant la saison de reproduction qui va normalement de janvier à juin, mais qui peut être prolongée artificiellement. La durée de gestation va de trente à trente-trois jours, au terme desquels la femelle fait naître de trois à neuf petits. Le jour de la mise bas et pendant deux semaines environ, la femelle est de nouveau en mesure de s'accoupler ; cela explique la surpopulation des territoires riches en végétation et bénéficiant d'un climat favorable.
Avant l'accouplement, la femelle n'est pas véritablement en chaleur, elle a besoin d'être courtisée : léchage sur le museau, frottements et reniflements font partie des préliminaires nécessaires pour que la femelle se laisse couvrir par le mâle.
Dans la nature, la vie sociale du lapin se déroule principalement la nuit, lorsqu'il est plus facile pour lui de se défendre de ses prédateurs

LA GESTATION DU LAPIN

Dans des conditions idéales, la mise bas a lieu trente et un jours après l'accouplement. Cependant la gestation peut prendre fin entre le vingt-huitième et le trente-quatrième jour suivant les races, les conditions climatiques et alimentaires. La mise bas a lieu très rarement après le trente-cinquième jour et a alors pour cause des problèmes liés aux conditions de la femelle ou à la taille trop importante des petits, ce qui rend l'expulsion difficile. La mise bas prématurée, avant le vingt-huitième jour, provoque la naissance de petits mort-nés.

Un lapin Hermine (Polonais) et un Hollandais, libres dans un pré

naturels tels que les renards, les furets et les rapaces. Pendant la journée il se réfugie dans son terrier et se repose, ou bien il creuse des galeries pour élargir son réseau souterrain.

Contrairement aux pays où il a été récemment introduit, en Europe, sa terre d'origine, les conditions d'environnement ont contribué à une diminution sensible du nombre d'individus.

L'homme et le lapin

Au cours de l'histoire, les relations entre l'homme et le lapin ont évolué.
Au début, quand l'homme vivait principalement de la chasse, ce léporidé était une proie recherchée pour sa chair et sa fourrure.
Les Romains furent les premiers à élever des lapins en se basant sur des critères que l'on pourrait définir comme « modernes », transformant cet animal sauvage en animal domestique. Toutefois, le concept de sélection n'existait pas encore et jusqu'au Moyen Âge le lapin fut élevé pour la viande et pour la chasse. En effet, beaucoup de

Les enfants et les lapins nains n'ont pas de mal à sympathiser : cet enfant est désormais un « éleveur » modèle

sujets étaient « lâchés » pour être chassés ensuite en battue, pour le divertissement des propriétaires terriens.

Avec le temps, des critères rationnels d'élevage, plus axés sur la sélection, ont été introduits, donnant ainsi naissance à des races bien distinctes, avec des caractères fixés. Il existe des races petites, moyennes et géantes, suivant le poids des sujets, qui va de 700 à 800 grammes pour les lapins nains à 5 kilos environ pour les races géantes élevées pour leur viande.

Bientôt les races furent sélectionnées pour leur fourrure ; c'est le cas pour la race Angora qui fournit la laine angora.

Il est donc facile d'affirmer que la relation entre l'homme et le lapin se base sur l'exploitation, toujours au désavantage de l'animal, à l'exception de certains cas où les lapins ont pris le dessus en proliférant jusqu'à envahir tout un pays.

De nos jours l'élevage du lapin est devenu une véritable activité, au point que le pourcentage des lapins sauvages par rapport aux lapins domestiques est désormais négligeable.

La domestication du lapin a donné lieu à une autre sorte d'élevage : le lapin comme animal de compagnie. On est donc revenu aux races de petite taille, et très rapidement a été sélectionnée une race de lapins miniatures semblables aux lapins de grande taille. Ce genre d'élevage prend de plus en plus d'importance dans l'élevage moderne.

LES PREMIERS ÉLEVAGES

Lorsque l'homme a commencé à s'intéresser à l'élevage de lapins en captivité, son seul objectif était la production de viande comestible en grande quantité. Les Romains, qui furent les premiers éleveurs, considéraient la viande de lapin, et notamment celle des lapereaux de quelques jours, comme une véritable friandise. Ce plat, appelé Laurice, *connut un grand succès jusqu'au Moyen Âge. Heureusement, l'abandon de cette pratique culinaire a donné aux lapins élevés pour leur viande la possibilité de vivre un peu plus longtemps.*

L'élevage du lapin

Dans les années soixante, il existait déjà une centaine de races de lapins, et ce nombre ne cesse d'augmenter grâce à une sélection croissante. En effet, il arrive souvent qu'une race déjà établie selon des critères bien définis soit encore améliorée par des croisements appropriés ; les sujets obtenus, en s'accouplant entre eux, parviendront à « stabiliser » un nouveau type de lapin qui sera baptisé, de façon à différencier sa descendance de la race d'origine tout en marquant son caractère spécifique.
Toutefois, il convient de rappeler que tous les lapins, qu'il s'agisse de lapins nains, de grande et de moyenne taille, sont issus du lapin sauvage européen et que par conséquent, l'élevage d'une race ou d'une autre n'implique pas a priori de choix spécifique.

Cependant, pour entreprendre l'élevage des lapins il est nécessaire d'avoir un équipement de base :
- milieu couvert et abrité ; l'idéal serait un hangar fermé sur trois côtés et ouvert du côté exposé au soleil ;
- cages pour la reproduction, en bois ou en fer, pourvu qu'elles soient faciles à nettoyer et répondent aux critères d'hygiène ;
- cages pour l'élevage des petits sevrés afin de les séparer de leur mère.

La *température* idéale pour l'élevage, afin que la reproduction soit régulière, est de 15 à 18 °C, car à des températures inférieures les animaux consomment une grande partie des calories pour produire de la chaleur, tandis que des températures supérieures n'ajoutent aucune amélioration importante.

Jeunes lapins élevés en colonie

L'*aération du milieu* est également importante pour éviter un excès d'humidité ; idéalement le taux d'humidité doit se situer entre 60 et 70 %.

Pour un élevage intensif, un bon *éclairage artificiel* est déterminant. En effet, même si le lapin en liberté est un animal typiquement nocturne, en captivité son cycle vital change et la lumière le rend plus dynamique. Des expériences reconnues ont montré que seize heures d'éclairage constant mettent les lapins dans les meilleures conditions pour une reproduction rapide et une bonne croissance des petits.

Les *cages pour la reproduction* en vente dans le commerce, de formes et matériaux divers, doivent malgré tout présenter des caractéristiques précises. Chaque femelle doit avoir à sa disposition un espace long de 100 centimètres, haut et profond de 50 centimètres.

Dans une telle cage, suivant les préférences de l'éleveur, il sera possible de placer à l'intérieur ou à l'extérieur un nid, une écuelle et un récipient pour boire, éventuellement un auget.

Les *cages pour l'élevage* destinées à la croissance des petits ont aussi des tailles différentes, suivant qu'il s'agit de cages individuelles de 40 x 50 x 45 centimètres, ou de batterie pour plusieurs sujets.

Quelle que soit leur taille, les cages doivent être faciles à nettoyer, pratiques pour la distribution des aliments, pour la désinfection, et pour toute intervention visant à maintenir un élevage propre et sain.

Il existe deux systèmes pour la reproduction : en batterie et en colonie. Le premier est sans aucun doute le plus courant, il est pratiqué en portant la femelle vers le mâle au moment propice. Si la femelle est irritée par la présence du mâle, il convient de la replacer dans sa cage et d'essayer de nouveau le lendemain. Même si la période idéale pour l'accouplement n'est pas nettement identifiable, il est toutefois possible de détecter certains signes qui indiquent la disponibilité de la femelle :

– vulve gonflée et humide ;

– nervosité insolite ;

– frottements du menton avec les pattes antérieures.

L'accouplement a lieu lorsque la femelle accepte de se faire couvrir par le mâle ; l'acte se déroule en quelques secondes, puis le mâle se laisse tomber sur le côté ou en arrière en poussant un petit cri.

À ce moment, la femelle est supposée fécondée et après trente et un jours elle donnera naissance à des petits lapereaux. Le nombre de petits dépend de la capacité des spermatozoïdes à se fondre avec les cellules reproductrices de la femelle et également du nombre d'ovules produits.

Le mâle, s'il est sain et bien ali-

POURQUOI IL CONVIENT D'AMENER LA FEMELLE AU MÂLE

Il est indispensable de rappeler qu'il convient de porter la femelle dans la cage du mâle et non pas le contraire. La raison en est que le mâle se sent plus en sécurité dans son milieu, et qu'il lui sera donc plus facile de courtiser la femelle et de parvenir à la couvrir. Si par contre le mâle se trouve dans un milieu inconnu, la femelle qui ne serait pas prête à l'accouplement risque de devenir agressive et de mordre, provoquant des blessures graves, surtout aux parties génitales, ce qui compromettrait les futures saillies.

menté, est en mesure de s'accoupler jusqu'à quatre ou cinq fois en une minute et d'émettre à chaque éjaculation un nombre de spermatozoïdes allant de 200 à 250 millions. Pour que la fécondation réussisse, il en faut 10 millions. Il est donc évident qu'après un accouplement, un bon éleveur séparera le mâle afin de « l'économiser ».

La femelle doit être également traitée avec égard ; en effet, certaines femelles ont huit mamelles bien développées et utilisables, d'autres en ont seulement quatre, d'autres encore douze. L'éleveur doit laisser autant de lapereaux qu'il y a de mamelles en lactation. Les petits en surnombre peuvent être éventuellement confiés à une autre femelle ayant des petits du même âge et la possibilité de les allaiter, ou bien ils peuvent être allaités artificiellement. Dans ce dernier cas, on utilise une petite seringue sans aiguille. Les trois premières semaines, les petits doivent manger de trois à cinq fois par jour, leur alimentation consistera en lait condensé dissous dans l'eau chaude (10 % de lait et 90 % d'eau).

La température doit être d'environ 36 à 38 °C. Les petits doivent être gardés à une température minimale de 30 °C. À partir de la quatrième semaine, on pourra ajouter au lait condensé un peu de farine de céréales et de carottes râpées. À partir de la huitième semaine, les petits deviennent autonomes et peuvent manger seuls.

Si, en revanche, on veut faire de l'élevage en colonie, il convient d'avoir six femelles pour un mâle. Le groupe sera logé dans un espace d'environ 3 x 2 mètres, avec une litière composée de copeaux de bois ou de tourbe. Pendant la période qui précède l'accouplement, le mâle – qui aura été placé dans la cage un jour avant les femelles – et ses compagnes seront traités sans distinction. Ils recevront chaque jour leur ration d'aliments sans être dérangés par la suite.

Lorsque l'accouplement a eu lieu avec toutes les femelles, le mâle est retiré de la colonie alors que les futures mères sont laissées ensemble. Après vingt-cinq jours environ, lorsqu'on remarque que chaque femelle commence à s'arracher les poils du ventre pour construire un nid, il convient de les séparer et de les mettre chacune dans une cage avec un nid. En effet, il est risqué de laisser plusieurs nids dans la colonie à l'instar des colonies à l'état sauvage, car en captivité, il est possible, voire certain, que chaque femelle attaque le nid d'une autre, tuant parfois les petits.

L'élevage des petits lapins en colonie est très pratique, du moins avant que les sujets n'atteignent la maturité sexuelle, c'est-à-dire depuis le sevrage jusqu'à cinq ou six mois de vie. Ensuite, les femelles sont prêtes pour la reproduction et les mâles peuvent devenir agressifs entre eux. Les femelles peuvent vivre ensemble plus de six mois, alors que les mâles peuvent cohabiter à condition qu'il n'y ait pas de femelle.

QUAND LA FEMELLE EST-ELLE PRÊTE POUR LA REPRODUCTION ?

Normalement les femelles de petite taille âgées de 160 jours sont prêtes pour la reproduction ; celles de taille supérieure le sont après 190 jours.

Pour l'élevage en colonie de cinquante petits il faut calculer 7 mètres au sol, qui doit être couvert de copeaux de bois, de tourbe ou de toute autre litière absorbante.
Suivant un programme contrôlé d'élevage il est possible de procéder à l'accouplement selon trois méthodes différentes :
– reproduction en consanguinité ;
– reproduction non consanguine ;
– accouplement hasardeux entre des sujets sélectionnés au préalable.
En cas de *reproduction en consanguinité*, c'est-à-dire en faisant s'accoupler des lapins ayant un degré de parenté étroite par rapport à la moyenne des sujets présents dans l'élevage, on obtient des sujets principalement homozygotes.
En cas de reproduction *non consanguine* l'accouplement se fait entre lapins ayant un degré de parenté plus éloigné par rapport à la moyenne des sujets présents dans l'élevage. On obtiendra des sujets principalement hétérozygotes.
Si par contre l'on procède à l'*accouplement hasardeux* entre les sujets présents dans l'élevage, on obtiendra un groupe de lapins ayant « un état d'équilibre entre les gènes », c'est-à-dire hétérozygotes à 50 %.
Voilà la théorie, mais dans la pratique, comment faut-il élever : en consanguinité ou non ?
Dans le premier cas le but est d'accroître les probabilités que le mâle et la femelle des futures générations présentent une conformité génétique accrue par rapport aux caractères recherchés dans la descendance. Il s'agit de la méthode la plus rapide mise à la disposition d'un éleveur pour bien mettre en évidence les caractéristiques propres de la race élevée. Pour ce type d'élevage, il convient d'utiliser exclusivement des sujets de très haute qualité.
La reproduction par non-consanguinité consiste à introduire dans l'élevage des sujets de provenance

extérieure. Le but est d'obtenir des sujets dont les produits présentent des caractères intermédiaires par rapport aux géniteurs. Après quelques générations élevées suivant ce système, les portées seront plus uniformes et il ne sera plus possible de distinguer les caractères spécifiques aux diverses lignées. Si l'on choisit ce système, il convient de faire très attention aux nouveaux sujets introduits dans l'élevage. En effet, il y a autant de possibilités d'améliorer la race que de la gâter. Voilà pourquoi il vaut mieux utiliser des femelles de sa propre production et choisir les mâles après observation des résultats avec quelques femelles. Cela permet de sélectionner les mâles les plus aptes à l'amélioration de la souche de départ, rendant alors possible le passage à l'élevage intensif. Les éleveurs les plus expérimentés, et qui en ont les moyens, utilisent normalement les trois systèmes à la fois de façon à obtenir les meilleurs résultats possibles.

Le lapin nain ne craint pas la main de l'homme

Un lapereau Angora à l'aspect dodu en train de mordiller quelque chose dans la cage

LA REPRODUCTION PAR « LIGNÉES GÉNÉALOGIQUES »

Il s'agit d'une méthode de reproduction en consanguinité où le lien de parenté est très étroit et se rapporte à un ascendant d'une qualité particulière. Cette méthode est valable si l'on dispose de mâles pouvant transmettre à leur descendance les caractères les meilleurs.

La classification scientifique

La classification scientifique du lapin nain est la même que celle du lapin sauvage européen.

Pendant de nombreuses années, le lapin et le lièvre ont été classés dans la famille des rongeurs à cau-

Un jeune lapin Nain de couleur chamois

BOÎTE CRÂNIENNE DES LAGOMORPHES

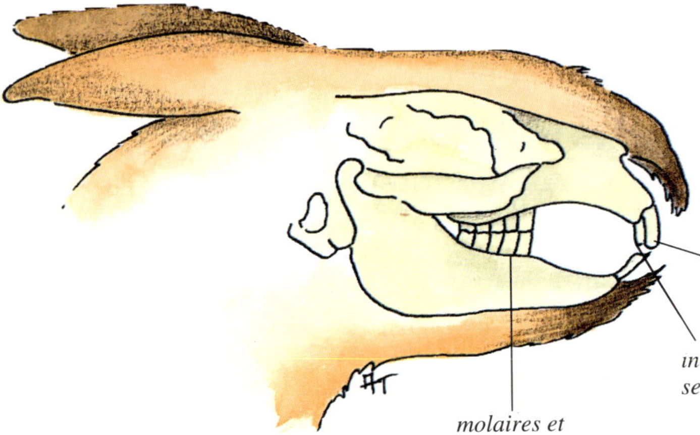

Les lagomorphes sont également appelés « duplicidentés » à cause de leurs doubles incisives supérieures. Les incisives à croissance rapide ont une forme en ciseau pour arracher, alors que les molaires servent à mâcher les végétaux qui constituent la nourriture des lagomorphes

se des dents incisives très développées.
En revanche, aujourd'hui le lapin, le lièvre et l'ochotone constituent un groupe à part : les lagomorphes, comprenant deux familles avec environ cinquante-quatre espèces différentes.
Les caractéristiques de groupe sont :
– présence de deux paires d'incisives supérieures, dont la première paire est bien visible de l'extérieur, et la deuxième constituée d'incisives plus petites, accolées aux premières ;
– fourrure dense, composée de poils et sous-poils ;
– vibrisses bien développées, et notamment celles des moustaches ;
– zone dépourvue de poils qui s'étend des lèvres jusqu'aux narines en forme de « Y », les deux branches se terminant par l'ouverture des narines et la barre médiane fendant verticalement la lèvre supérieure (le bec-de-lièvre) ;
– absence de canines ;
– péroné fusionnant avec le tibia et s'articulant avec le talon ;
– intestin cæcum pourvu de plis en spirale.

CLASSIFICATION SCIENTIFIQUE	
Règne	*Animal*
Sous-règne	*Métazoaires*
Type	*Vertébrés*
Classe	*Mammifères*
Sous-classe	*Placentaires*
Ordre	*Lagomorphes*
Famille	*Ochotonidés (genre :* Ochotone *; 14 espèces d'ochotone)* *Léporidés (genres :* Nesolagus, Brachylagus, Lepus, Oryctolagus, Sylvilagus, Caprolagus, Promerolagus, Pronolagus *; 40 espèces de lièvres et de lapins)*

Trois sympathiques lapins nains sur une litière de tourbe

La morphologie

Dans le standard français de la cuniculture, sous l'appellation « Nain de couleur », on trouve la définition suivante : « Le type nain doit être très caractérisé et manifeste. Le corps du lapin nain est ramassé

LES DIFFÉRENTES PARTIES ANATOMIQUES

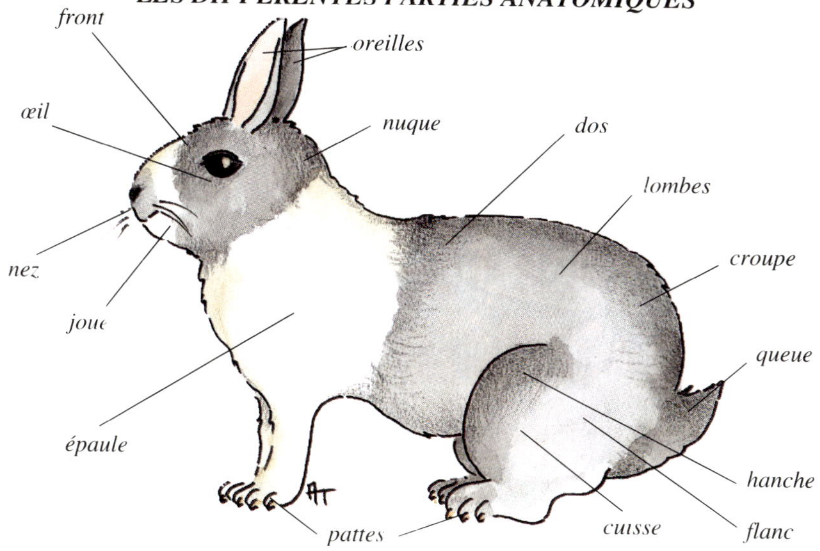

et arrondi, aussi large à l'avant qu'à l'arrière. Ses pattes sont courtes et frêles. La queue doit être petite et adhérer parfaitement au corps. Sa fourrure est fine, dense, avec peu de jarre. Son poil est court. Comparée au corps, la tête est forte et bien attachée aux épaules. Son front est large et de forme quasi sphérique. Ses oreilles, fines et pointues, mesurent au maximum sept centimètres et sont portées bien droites. Ses yeux sont grands, ronds, et très ouverts, de couleur rouge (pour les albinos) ou bleue. Les couleurs des races reconnues sont toutes admises à l'exception des races tachetées. »

À l'heure actuelle dans le commerce, outre le Nain de couleur, on trouve d'autres races et variétés : les Polonais, qui sont également appelés « Hermine » à cause de leur fourrure blanche qui rappelle l'animal en question ; les Nains d'Angora, caractérisés par leur fourrure à laine ; les Rex nains, dotés de très longues oreilles ; les Béliers nains caractérisés par la position tombante des oreilles.

Nain de couleur Chinchilla

- *Il se caractérise par sa fourrure gris cendré avec des reflets et des dégradés bleu-noir.*
- *Sa tête est légèrement triangulaire, les oreilles ont une longueur moyenne et sont normalement pointues.*
- *Cette race est très répandue dans les élevages.*

DE LA SYMPATHIE PLUS QUE DE LA BEAUTÉ

Les lapins nains qui répondent parfaitement aux critères standard peuvent participer aux concours de beauté ; toutefois, les autres, même loin de la perfection esthétique ont, eux aussi, une grande qualité : la sympathie. Par conséquent, le simple critère esthétique n'est pas déterminant lors du choix de votre petit ami.

Hermine

• *Il est caractérisé par sa fourrure blanche et par les yeux rouges typiques des albinos.*

• *Ses oreilles sont courtes et légèrement arrondies.*

• *Cette race de lapin nain est parmi les plus connues et les plus élevées.*

Nain Angora

• *Il est caractérisé par sa fourrure longue et souple.*

• *La race naine, pas encore tout à fait fixée, présente parfois une fourrure peu dense, surtout sur le museau.*

• *Par rapport au Nain de couleur, ses oreilles sont légèrement plus longues et plus grandes.*

Rex nain

• *Il est caractérisé par sa fourrure dense, lisse et douce qui présente des reflets de velours.*

• *Ses oreilles sont typiques : longues et bien érigées.*

• *Il dérive du Rex de grosse taille élevé pour sa fourrure, mais pour l'instant il est encore rare.*

Bélier nain

• Il est caractérisé par ses oreilles qui tombent de chaque côté de la tête.

• Il est d'une taille supérieure aux autres lapins nains.

Voyons maintenant une description générale de la morphologie du lapin nain.

La tête

La tête a une forme arrondie ou légèrement en triangle, avec un front plat et large. La bouche est ornée de poils tactiles et sensoriels (vibrisses). Les yeux sont disposés latéralement sur le front, ils sont grands, ronds et ont une expression très douce et gentille. Les oreilles sont normalement arrondies et de longueur différente suivant les races. Elles sont toujours couvertes de poils.
Les dents incisives ont une croissance continue, d'où la nécessité de les user en rongeant des aliments suffisamment durs. Dans le passé, à cause de cette caractéristique, les léporidés avaient été assimilés aux rongeurs. Si les dents se mettaient à pousser de façon anormale, il conviendrait de s'adresser à un vétérinaire car le lapin ne serait plus capable de s'alimenter et finirait par mourir.

Le corps

Le lapin a un corps arrondi et compact. Il est couvert d'une fourrure qui varie selon les races.
L'ouverture des pectoraux est normalement proportionnée aux dimensions de la croupe. Son dos, fort et souple, lui permet des mouvements agiles également en position allongée. Sa queue est toute petite et bien adhérente au corps.

Portrait d'un sympathique lapin. À remarquer : les lèvres typiques des léporidés

La forme du corps, arrondie, est caractéristique du lapin nain

Les pattes

Les pattes du lapin nain sont frêles, notamment les pattes antérieures qui sont très souples au niveau des épaules, ce qui permet à notre petit ami de les porter aisément sur le museau.
Les pattes postérieures sont plus développées et servent à pratiquer des bonds et à courir rapidement, même si cette caractéristique est nettement moins développée chez les lapins nains que chez les lapins sauvages.
Les hanches et les cuisses présentent une musculature bien développée.
Le pied est probablement la partie la plus fragile. En effet, en captivité les ongles poussent exagérément car ils ne sont pas usés.
D'où la nécessité de les contrôler et de les couper avec un coupe-ongles. Il est important de savoir où il faut pratiquer la coupure. En observant attentivement l'ongle, on distingue à l'intérieur un petit vaisseau sanguin ; il faut couper après le vaisseau en veillant bien à l'éviter.
Les coussinets plantaires sont un autre point délicat ; pour éviter qu'ils ne soient blessés ou ne deviennent calleux, il convient de ne pas choisir un fond de cage trop dur. Si cela devait arriver, il faudrait intervenir avec des crèmes, mais il vaut mieux prévenir ce risque en couvrant le fond de la cage de sable, de copeaux ou de tourbe.

Un tout petit Hollandais très curieux se déplace, agile, sur le plancher

L'anatomie et la physiologie

L'appareil respiratoire

Le thorax, formé de douze ou treize côtes, contient les poumons. Le poumon gauche, bien qu'ayant un lobe en plus, a un volume inférieur d'un tiers par rapport au droit.

L'appareil digestif

Le système digestif du lapin est caractérisé par la possibilité d'utiliser des aliments à faible valeur nutritionnelle et de recycler les mêmes aliments à travers la « coprophagie ».
La digestion du lapin est de deux types : *enzymatique*, comme c'est le cas chez tous les mammifères, qui commence au niveau de la bouche grâce à la salive, et *bactérienne*, comme c'est le cas chez les ruminants. La digestion enzymatique continue dans l'estomac et ensuite dans l'intestin. La digestion bactérienne est de type fermentatif et a lieu grâce à deux sortes de micro-organismes qui prolifèrent d'habitude dans le tube digestif.
La *cæcotrophie* est un mécanisme caractéristique du lapin. L'animal ingère une quantité de « cæcotrophes », à savoir des excréments (qui en réalité n'en sont pas vraiment) en forme de petites boules réunies en grappes et recouvertes d'une sorte de mucus, que l'animal prélève directement de son anus lors de la défécation, avant qu'elles ne touchent le sol et ne soient contaminées. Ces crottes molles sont produites par l'intestin grêle, généralement au matin, et contiennent

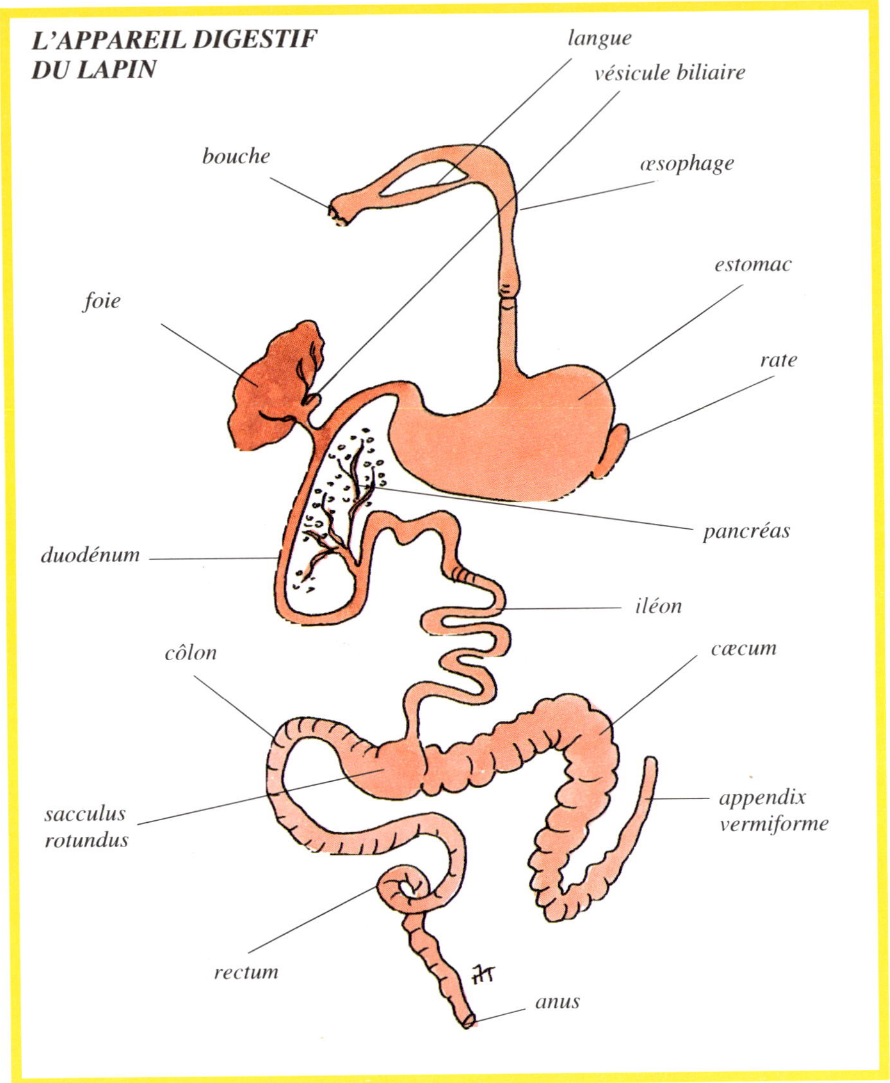

beaucoup de vitamines et de protéines, soit 8 % des besoins journaliers du lapin. La production des cæcotrophes est un phénomène complexe contrôlé par le cerveau. Un sujet malade ou stressé ne se comportera pas normalement et on peut trouver alors dans sa cage des crottes molles. Les crottes dures que l'animal émet pendant la journée contiennent uniquement des déchets, par conséquent l'animal sain évite de les manger.

L'appareil reproducteur

La femelle atteint la maturité sexuelle, et par conséquent la capacité de reproduction, vers le quatrième ou cinquième mois de vie, le mâle vers le cinquième ou sixième.

ORGANES GÉNITAUX

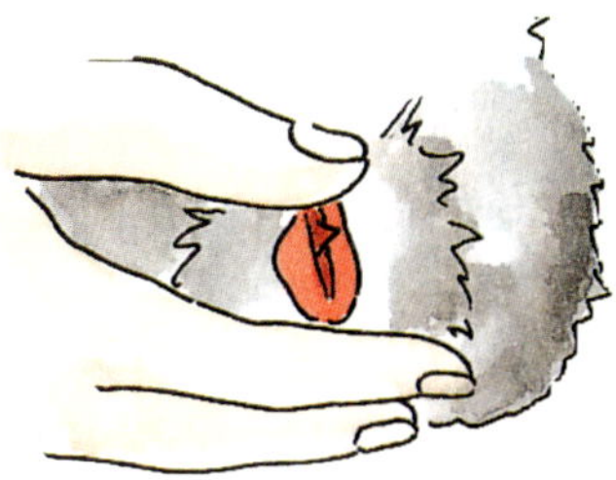

femelle

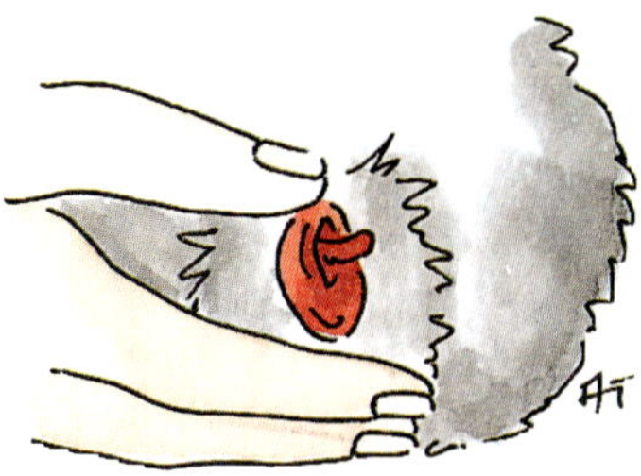

mâle

LES ORGANES GÉNITAUX

Pour déterminer le sexe des lapins, il est nécessaire d'exercer à l'aide des doigts une légère pression sur l'organe de façon à découvrir la membrane muqueuse qui, chez le mâle, se présente sous forme de protubérance arrondie et chez la femelle sous forme de fente plus proche de l'anus que l'organe masculin.

Comme nous l'avons déjà dit, chez le lapin il n'y a pas de période spécifique où la femelle est en chaleur comme chez le chien, le chat ou le cheval. Le lapin est un animal à ovu-

Voilà comment on pratique le « sexage » des lapins

lation induite, c'est-à-dire qu'elle a lieu lors de la stimulation du coït.

Entre le coït et la libération des ovules il s'écoule environ douze heures, le temps nécessaire pour que les spermatozoïdes atteignent la trompe utérine, lieu de rencontre avec les ovules.

Quand la fécondation a eu lieu, commence la gestation qui, chez le lapin nain, dure de vingt-neuf à trente jours et aboutit à la naissance de seulement trois ou quatre lapereaux ; en effet, tout comme la taille, par rapport aux lapins domestiques de taille moyenne ou grande, chez le lapin nain l'appareil reproducteur est également réduit.

L'APPAREIL REPRODUCTEUR DE LA FEMELLE DU LAPIN

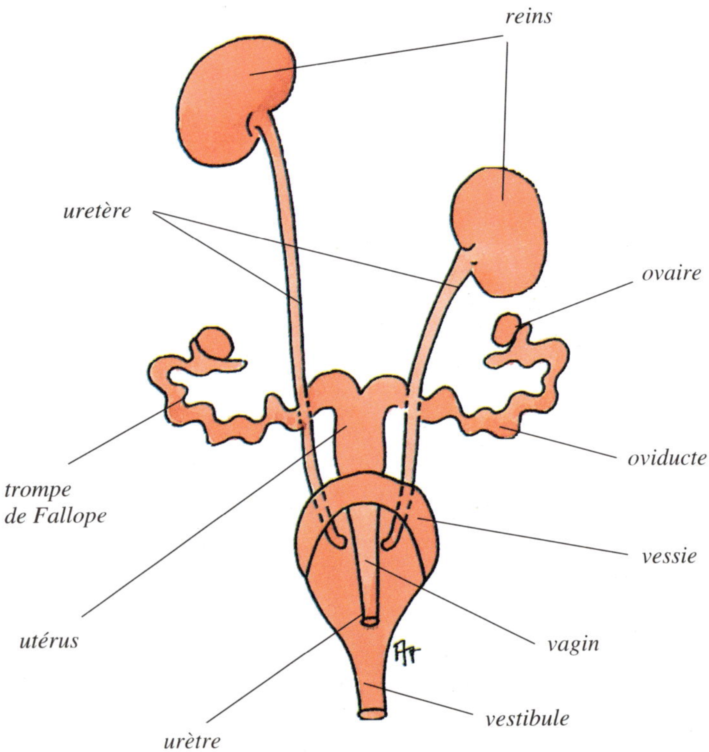

RAPPORT ENTRE PRODUCTION DE LAIT ET ACCEPTATION DU MÂLE

Il est important pour les éleveurs de savoir que pendant la période de production intense de lait, la femelle n'est pas prête à accepter de se laisser couvrir par le mâle, alors qu'elle est plus disponible lorsque la montée du lait n'est pas à son maximum. Cela revient à dire que le jour de la mise bas, lorsque la lactation n'est pas importante, la femelle accepte de se faire couvrir.

Les organes sensoriels

La vue

La vue est l'un des sens les plus développés chez le lapin. Les yeux, disposés latéralement sur la tête, lui offrent un champ visuel de 170° environ.
En revanche, puisque ses pupilles s'adaptent difficilement à la lumière, la vue du lapin est meilleure dans la semi-obscurité qu'en plein soleil. En outre, comme beaucoup d'animaux chassés, le lapin est presbyte, c'est-à-dire qu'il focalise mieux les objets quand ils sont loin que quand ils sont proches, ce qui lui permet de voir de très loin les dangers qui s'approchent.

L'ouïe

L'ouïe est une autre arme défensive du lapin. Ses oreilles sont comme des radars, elles peuvent être orientées dans toutes les directions, indépendamment l'une de l'autre, et parviennent à couvrir les 360° du champ auditif.

L'odorat

C'est à travers ce sens que le lapin entretient la plupart des rapports sociaux. Son nez compte cent millions de cellules sensorielles et il est constamment en mouvement, même quand l'animal somnole. Grâce à l'odorat le lapin reconnaît ses semblables, communique avec le sexe opposé, sympathise avec l'homme (pour le lapin domestiqué), est capable de se déplacer dans l'obscurité complète, dans des forêts touffues, de s'orienter dans les galeries, dans les tanières et, enfin, reconnaît la nourriture.

Le goût

Le goût est un sens moins développé et, tout compte fait, pas très utilisé. Le lapin possède environ huit mille papilles gustatives

En humant ici et là, le lapin commence à se familiariser avec le milieu

Un sympathique lapin nain qui a l'air d'apprécier l'herbe d'un pré

contre les quelque cinquante mille du chien. Par ailleurs, comme nous l'avons déjà vu, il reconnaît sa nourriture à l'aide de l'odorat et mange tout ce qui est végétal. Voilà pourquoi il n'est pas considéré comme un gourmet.

Le toucher

Les vibrisses de son nez et de son corps sont très importantes pour le toucher, elles lui permettent de se déplacer et l'aident dans ses mouvements.

La variété de races et de couleurs

Il est extrêmement difficile de délimiter une quantité de races ou de variétés de ces petits lapins qui sont désormais très répandus et dont le nombre augmente sans arrêt. Cela est d'autant plus difficile que les races ne sont pas encore complètement « fixées » et qu'à l'intérieur d'une même race il n'est pas possible d'établir exactement

Voilà l'une des variétés de robe brun-fauve du Nain de couleur

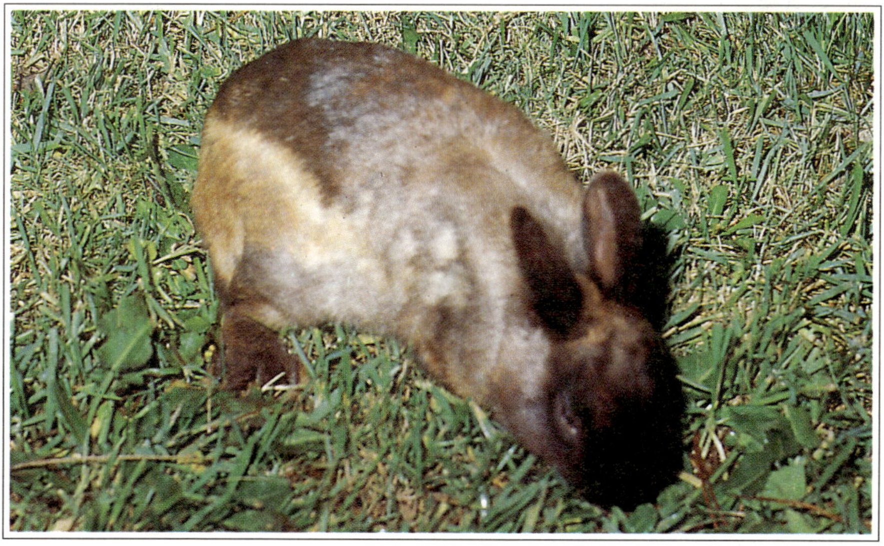

toutes les variétés. Voilà pourquoi nous adopterons une division assez répandue et généralement acceptée, qui comprend cinq races principales avec des variétés (qui pourraient être à leur tour considérées comme des races) :
– l'Hermine ou Polonais ;
– le Nain de couleur (qui présente de nombreuses sous-races ou variétés) ;
– l'Angora (présentant une remarquable variété de couleurs) ;
– le Rex nain (présentant une énorme variété de fourrures) ;
– le Bélier nain.

Dans le commerce il est très facile de trouver les lapins appartenant

Hollandais fauve

Voilà un sympathique Hermine Angora

aux trois premiers groupes, plus rarement on trouve les Béliers, alors que les Rex sont rarissimes.
Avant d'examiner les caractéristiques de chaque race de lapin nain, il ne faut pas oublier tous les lapins nains qui, étant en dehors des races, peuvent être regroupés sous le nom de « lapins nains communs » et qui représentent la majorité des sujets vendus dans le commerce.

Hermine

Le lapin nain Polonais, connu sous le nom « Hermine », est le premier lapin de petite taille créé.
Il a été créé avant les lapins nains de couleur avec lesquels il partage les mêmes caractéristiques morphologiques. Dans le standard français, on le place dans une catégorie à part et il est décrit comme suit : « Le type nain dans cette race doit être très marqué et manifeste. Le corps est ramassé, court et arrondi, aussi large devant que derrière. Les pattes sont courtes et frêles. La queue est courte et parfaitement adhérente au corps. La fourrure est blanche, par définition, les poils sont doux et fins. Les yeux sont presque toujours rouges et rarement bleus. »
Parmi les lapins nains, l'Hermine est l'un des plus élevés et répandus. Facile à repérer, il est élevé pur, mais souvent il est croisé avec les Nains de couleur pour engendrer des lapins tachetés de façon assez originale.

Nain de couleur

Cette race remonte aux années soixante et est devenue aujourd'hui l'une des plus répandues. Dans le standard français, toutes les couleurs et les nuances des différentes races reconnues sont admises, à l'exception des races tachetées. Les variétés de couleurs sont par conséquent très nombreuses, au point que certaines personnes y voient différentes races. Nous nous

Un petit Polonais en train d'inspecter quelque chose

Deux petits lapins Hermine dans un coin de leur espace avec une écuelle pleine de mélange de flocons, de graines et de granulés

basons sur un standard qui considère les différentes colorations comme une variante à l'intérieur de la race.

Chinchilla

La robe est d'un gris cendré, très lumineux, avec des reflets bleus et des dégradés noirs, couleur déterminée par des houppettes de poils noirs disséminées sur tout le corps, ce qui rappelle la couleur du chinchilla. Par rapport aux autres Nains de couleur, sa tête est légèrement plus triangulaire ; les oreilles sont bordées de noir. La queue est noire, alors que le ventre et la partie sous la queue sont gris clair, voire blanc cassé. La bourre, c'est-à-dire le dessous du poil, est uniformément bleue. Les yeux sont brun foncé.
Il est assez rare de trouver des exemplaires parfaits de Chinchilla.

Alaska

La caractéristique fondamentale de cette variété est la fourrure très dense et brillante, d'un noir très in-

Chinchilla

Alaska

tense et brillant sur le dos et plus mat sur le ventre. La sous-couleur est bleu pigeon. Les yeux sont brun foncé et les ongles noirs.
Il est très difficile de trouver un Alaska pur ; il est toutefois facile d'obtenir des sujets avec des nuances gris argenté ou rougeâtres.

Californien

La robe est blanche et présente des taches de couleur gris noirâtre sur le nez (comme un masque), sur les

Californien nain

Gros plan du museau d'un Californien nain

oreilles, sur les pattes et sur la queue. Les yeux sont rouges et les ongles couleur corne.
Parmi les Nains du commerce, cette variété descend des lapins californiens élevés pour leur viande, très répandus dans les années soixante et soixante-dix. Cette variété n'est pas facile à obtenir.

Hollandais

Il est caractérisé par le dessin de sa robe dont une bande blanche verticale sépare la couleur sur la tête, et une bande horizontale sépare la couleur de la tête du reste du corps.
La coloration noir et blanc est la plus recherchée, mais toutes les autres sont également admises.
Ce petit lapin est facile à trouver et à élever.

Fauve de Bourgogne

Son caractère typique est la couleur de la jarre (pelage long qui détermine la surcouleur) d'un rouge jaunâtre intense et uniforme. Sur

Hollandais de couleur gris-noir

Coloration typique du Hollandais : le blanc se trouve sur le museau, dans la partie antérieure, et sur les pattes

l'abdomen, la coloration devient plus claire sans toutefois tourner vers le blanc.

Les yeux sont bruns et entourés par un cercle plus clair. Les ongles sont de couleur corne. La sous-couleur, la bourre, est de couleur jaunâtre. On peut également trouver des sujets présentant des taches blanches sur le museau.

Cette variété est très élevée et répandue.

Hollandais blanc et noir, l'une des variétés les plus difficiles à trouver

Fauve de Bourgogne

Argenté

Il existe quatre variétés d'Argenté dans le commerce : le gris, le crème, le bleu et le brun. Il s'agit de lapins avec une robe à base uniforme nettement nuancée en argent sur le ventre, les oreilles et les pattes. La fourrure est dense et douce. Dans le commerce on trouve toutes les couleurs.

Nain Angora

Il s'agit de la copie miniature de l'Angora français, mais contrairement à ce dernier, qui est toujours blanc et albinos, l'Angora nain présente diverses colorations : orange, bleu et garenne, bleu et crème, coloration mélangée, et toutes les couleurs possibles. Il est caractérisé par son pelage long et souple qui sert à fabriquer la laine. Chez les sujets nains la fourrure ne se développe pas beaucoup. Cette race n'est pas encore bien fixée, c'est pourquoi les oreilles sont plus longues et la taille est plus grande par rapport aux autres lapins nains. La conformation du corps est légèrement plus allongée et moins ronde. Cette race étant très recherchée, elle est difficile à trouver sur le marché.

Rex nain

C'est la race la plus récente de lapin nain, elle n'est pas fixée et donc difficile à trouver sur le marché. Il est le descendant direct du Rex de taille moyenne-grande, très

Voilà un bel exemplaire de mâle adulte brun argenté

Jeune Angora à l'âge où le poil commence à pousser

Angora gris perle

Deux petits lapins Angora se tenant compagnie

recherché pour sa fourrure depuis les années cinquante. À la différence des autres lapins nains, il présente des oreilles longues et bien dressées. On y trouve diverses colorations : blanc (aux yeux rouges), bleu, noir, chinchilla, martre (aux yeux bleus), lynx rose, dalmatien, blanc (aux yeux bleus), havane, Madagascar, fée de Malbourg, castor, lynx bleu et tricolore.

Bélier nain

C'est un lapin particulièrement typé du fait de ses oreilles charnues, poilues et décidément plus longues que celles des autres lapins nains, qui tombent en « fer à cheval » sur les côtés de la tête. La naissance des oreilles s'appelle « couronne ».
La longueur des oreilles varie de 24 à 28 centimètres selon la taille du sujet qui est légèrement plus grande par rapport aux autres lapins nains.
Il est très difficile d'harmoniser les oreilles du Bélier avec les dimensions réduites des Nains. Toutes les colorations sont admises à l'exception, toutefois, de la couleur argentée.

L'ÉLEVAGE ET LA REPRODUCTION

L'éleveur du lapin nain

Tout d'abord il convient de préciser que par le terme « éleveur » nous désignons toute personne prenant soin des lapins : le propriétaire d'un lapin de compagnie, comme le véritable éleveur qui sélectionne et s'occupe de la reproduction des animaux.

Deux petits lapins qui jouent dans un pré

Groupe de lapins nains

L'éleveur « professionnel »

Cette définition, probablement incorrecte et peu précise, est utile pour faire une distinction entre celui qui élève pour reproduire, sélectionner et éventuellement mettre dans le commerce des lapins nains, et celui qui les élève pour le plaisir d'avoir des petits lapins domestiqués à la maison et dans le jardin.
Dans le premier cas nous nous trouvons face à un éleveur qui doit forcément s'organiser de façon rationnelle s'il veut obtenir des résultats ; dans le second, nous parlerons d'éleveur amateur.
Ce livre s'adresse à cette dernière catégorie ; toutefois, il convient de spécifier brièvement ce dont a besoin un éleveur professionnel.
Un éleveur intensif de lapins nains a exactement la même quantité de travail qu'un éleveur de lapins de taille normale. Il lui faut des batteries aptes à la reproduction, ainsi qu'un milieu couvert, bien aéré, sec et facile à entretenir.
L'élevage du lapin nain présente toutefois des différences par rap-

Groupe de lapins âgés de huit semaines. Ils se rapprochent pour se réchauffer

port à celui des lapins de taille moyenne et grande :

– les petits sont au nombre de trois ou quatre et non pas de trois à neuf ;

– le pourcentage des petits mort-nés est plus élevé ;

– le pourcentage des femelles qui meurent à cause de traumatismes dus à l'accouchement est plus élevé ;

– la stérilité est moins rare chez les deux sexes.

Cela revient à dire que l'éleveur équipé doit pouvoir faire face à ces risques liés à l'élevage. Il doit prêter beaucoup d'attention aux sujets qu'il veut faire se reproduire, à leur degré de maturité sexuelle et surtout, du fait de la fragilité de la race et contrairement aux sujets de taille normale, il doit éviter que les femelles mettent bas plusieurs fois par saison.

Des « reproductrices » sélectionnées peuvent supporter quatre gestations complètes, après quoi elles devront être mises au repos pour la saison de reproduction suivante.

L'élevage intensif, grâce aux techniques modernes pour la création d'un habitat favorable à la reproduction (chauffage et éclairage artificiels) et à l'alimentation, permet aux animaux de faire face sans problèmes à la gestation puis au sevrage des petits. Pour ces raisons les sujets sont souvent contraints à la reproduction toute l'année et sont surexploités, ce qui entraîne une diminution de la durée de vie des reproducteurs et une progéniture plus faible.

Un éleveur doit donc planifier les cycles de reproduction. En effet, pour des raisons commerciales il doit toujours disposer de jeunes lapins et donc doit faire en sorte d'avoir un certain nombre de femelles en reproduction et un certain nombre en repos.

Les femelles en reproduction doivent de préférence être séparées en batterie, alors que celles en repos peuvent vivre en colonie, sans mâles, en prenant soin de séparer les lapines trop agressives.

Par ailleurs il est également important de faire en sorte que les mises bas aient lieu au même moment ; en effet, cela permet, en cas de naissances en nombre faible ou de mort-nés, de confier à une seule lapine les petits de mères différentes. En effet, l'élevage en nourrice est plus efficace que l'élevage artificiel.

Pour les éleveurs qui doivent commercialiser le fruit de leur travail, il est indispensable d'élever des sujets de qualité remarquable ; de plus, les coûts d'élevages sont identiques pour un sujet de qualité et pour un sujet commun, alors que le prix d'un lapin nain de qualité est beaucoup plus élevé que celui d'un lapin nain commun. Voilà pourquoi il ne faut pas destiner à la reproduction des sujets qui ne correspondent pas au standard de la race, ou des sujets qui, bien que parfaits d'un point de vue morphologique, ne donnent pas une progéniture de qualité. Quand c'est le cas, il convient de remplacer le mâle car c'est lui qui a le plus d'incidence dans ce domaine.

Quand le mâle présente en revanche d'excellentes qualités dans la reproduction, il convient de l'utiliser pour plusieurs femelles, jusqu'à l'établissement d'une véritable lignée de sang dans le cas de sujets exceptionnels.

L'éleveur amateur

Il s'agit là, comme on l'a déjà dit, de celui qui élève chez lui des lapins nains pour le plaisir de leur compagnie : son unique but sera celui de garantir une existence heureuse et en bonne santé à ses petits amis.

Les problèmes liés à la reproduction le concernent seulement s'il veut voir grandir des lapereaux, car il n'est pas du tout concerné par les problèmes de productivité

Ce petit Hermine se déplace avec circonspection dans l'herbe

et de rapport entre coûts et bénéfices ; au contraire, une saison reproductive trop prolifique peut lui poser le problème de « caser » les petits.

Cela étant dit, l'éleveur amateur doit également être en mesure de choisir les sujets qui s'adapteront à ses impératifs, il doit savoir comment installer ses petits lapins et comment les nourrir ; il doit être à même de faire face à une éventuelle portée et doit être capable de maintenir propre l'habitat de ses petits amis.

Dans les chapitres qui suivent nous allons examiner en détail tous ces aspects.

Le choix des sujets

Le choix des sujets est lié au type d'élevage que l'on veut pratiquer. S'il faut trouver des sujets sélectionnés pour tenter une reproduction qui donne de bons résultats, il convient d'aller visiter une exposition cunicole pour regarder des sujets de qualité avant de s'adresser à un éleveur et choisir entre des lapins jeunes, mais déjà adultes, de façon à pouvoir commencer la saison reproductive dès que nos amis arrivent à la maison.

Si, par contre, nous ne sommes pas intéressés par la reproduction et que notre but est d'élever de petits animaux de compagnie, le choix est moins difficile car tous les magasins d'animaux vendent des lapereaux. Dans ce cas il faut choisir parmi des petits qui viennent d'être sevrés, à savoir âgés de deux mois. Le choix va alors se porter sur l'élément (ou les éléments) qui se montre plus sociable et docile au contact avec la main.

Comme pour tous les autres animaux, pour les lapins également il faut se méfier des petites annonces qui prévoient une livraison par la poste. La plupart du temps ce type de commerce propose des sujets de qualité médiocre, sans compter qu'après un voyage le plus souvent loin d'être confortable, les petits risquent d'arriver à destination dans une mauvaise condition physique.

Cela n'est pas vrai pour les annonces de personnes désirant faire adopter des petits lapins nés chez eux, qui d'habitude proposent des sujets bien soignés et prédisposés à être domestiqués.

Deux lapins nains jouent entre eux. L'activité ludique est très importante pour les jeunes lapins qui viennent d'être sevrés

Mâle ou femelle ?

Vaut-il mieux acheter un mâle ou une femelle ? Du point de vue de la personnalité, peu importe : les deux sont également sympathiques et sociables avec l'homme.

Si le petit lapin est élevé dans un jardin, le choix est complètement indifférent ; mais si notre petit ami est destiné à « gambader » dans la maison, il est certainement mieux d'opter pour une femelle.

En effet, le mâle marque instinctivement son territoire en urinant sur les tapis, les meubles et tout autre endroit qu'il juge opportun. L'urine du lapin a une odeur très forte, douceâtre et difficile à faire partir. Mais il est inutile de disputer le petit lapin pour lui faire perdre cette mauvaise habitude ; il peut, en effet, apprendre facilement à faire ses besoins dans un bac à sable, mais il ne peut pas oublier son instinct qui lui impose de marquer le territoire.

La seule solution est la castration car, sans stimulation sexuelle, il ne ressentira pas le besoin d'attirer la femelle et d'éloigner d'éventuels

rivaux. De plus, quand il est castré le lapin prend une morphologie encore plus ronde et dodue qui le rend plus attendrissant. Je ne veux pas lancer une invitation à castrer les lapins. Loin de là. Il faut adopter cette solution seulement en cas de nécessité.
Il est possible de garder à la maison deux, voire trois femelles, mieux encore si elles sont sœurs ou si elles ont été élevées ensemble.
Sans le mâle, il n'y aura pas de problèmes de compétition ni de naissances imprévues ; elles pourront cohabiter.
Par contre, pour faire vivre ensemble deux mâles qui ont atteint la maturité sexuelle, il est nécessaire de pratiquer la castration.
Si l'on choisit d'élever un couple, dans une même cage avec des sorties en liberté, il faut aussi prévoir l'arrivée de la « cigogne ».
Ce qui peut s'avérer très agréable à condition de pouvoir placer les petits chez des amis ou dans un magasin, une fois sevrés.

Le lapin nain est un animal curieux de tout

Comment faire un choix entre ces petits lapins adorables et sympathiques ?

COMMENT DOIT ÊTRE NOTRE PETIT LAPIN

Le choix de notre petit ami nous est dicté par notre propre goût ; toutefois, il convient de s'assurer que le sujet présente des qualités de base : il doit être jeune, sain et ne doit présenter ni déformations morphologiques, ni séquelles dues à des traumatismes antérieurs.

L'habitat et ses accessoires

D'abord il faut préciser que dans les magasins spécialisés il est possible de trouver non seulement tous les types d'habitats et d'accessoires, mais aussi de très bons conseils.
Il existe une industrie spécialisée dans la fabrication de tous les objets qui peuvent rendre agréable et confortable la vie des lapins ; cela témoigne de l'importance et de la place qu'occupe désormais notre petit ami.
À l'heure actuelle, sur le marché on trouve des cages de différentes dimensions pour l'intérieur et pour l'extérieur, des écuelles de toutes sortes pour boire et pour manger, des nids pour l'intérieur ou l'extérieur de la cage, des bacs à sable pour les sujets qui sont libres de circuler à l'intérieur de la maison, et une série de jouets susceptibles de stimuler la curiosité naturelle de ces petites créatures.

La cage

Même si notre petit lapin est parfaitement domestiqué et circule librement à la maison, il vaut mieux le garder dans une cage lorsqu'il se trouve seul. Il passera donc une grande partie de son temps dans sa cage, qui doit par conséquent être confortable et spacieuse. Les mesures minimales sont de 60 x 40 x 40 centimètres, tout en sachant qu'il serait souhaitable de lui offrir, si possible, un espace plus grand.
Dans le commerce on trouve des cages fonctionnelles pour l'éleveur

Un lapin Angora dans sa cage

et confortables pour le lapin. Il s'agit des cages classiques, avec un fond en plastique dont les bords mesurent environ 10 à 15 centimètres, permettant à l'animal de voir et renifler à l'extérieur sans pour autant laisser sortir les excréments à l'extérieur. Normalement les cages pour les lapins présentent des barreaux parallèles au fond et non pas verticaux, comme c'est le cas pour les cages des oiseaux. La distance entre les barres, de préférence en acier pour des raisons d'hygiène, doit être de 2 centimètres environ.

On peut également trouver des cages fermées, avec une ouverture et des barreaux seulement sur le dessus. Ces cages étaient conçues pour éviter que rien ne sorte de la cage et pour protéger l'animal des courants d'air.

Or, il est vrai que notre petit ami y est très sensible, mais je crois personnellement que, pour pallier cet inconvénient, il suffit de bien choisir l'emplacement de la cage, car ce type de cage fait du lapin un véritable prisonnier, puisqu'il ne peut pas regarder à l'extérieur, ni entendre les bruits et renifler com-

me il le ferait dans une cage avec des barreaux. De plus les cages fermées réduisent l'aération et par conséquent la propreté de l'habitat. En somme, les cages fermées peuvent être utiles lors des déplacements et comme habitat temporaire dans des conditions particulières.
La cage idéale devrait avoir trois portes. Une grande ouverture supérieure nous permet de sortir le lapin sans difficultés, et aussi d'introduire et enlever un éventuel nid d'intérieur sans nous obliger à des opérations compliquées.
Une ouverture en bas sur le devant permet au lapin de sortir et rentrer facilement dans la cage, et enfin une autre ouverture sur les petits côtés est utile pour appliquer un éventuel nid d'extérieur.
Le fond de la cage doit être facile à laver et couvert de grains de sable absorbant, comme ceux utilisés pour les chats.
Le sable a le double avantage d'absorber l'urine et d'éviter que le lapin ne se blesse les délicats coussinets plantaires.
Le choix de couvrir le fond de la cage avec d'autres éléments absorbants tels que la tourbe ou les copeaux de bois dépend de la disponibilité de l'éleveur à effectuer les opérations de nettoyage. Le sable est, en effet, le matériel qui absorbe le plus longtemps et qui retient le plus les odeurs.

Les cages d'intérieur

Dans le commerce on trouve des grandes cages, pleines d'accessoires, très bien conçues du point de vue de l'esthétique et du confort, tant pour l'éleveur que pour le lapin. Il s'agit de cages construites avec des matériaux zingués, qui ne rouillent pas, et peints avec des poudres polyesters qui ne nuisent pas aux lapins. Elles sont montées sur des supports hauts de 50 centimètres. Les dimensions sont normalement de 100 x 50 x 80 centimètres, mais il en existe des plus grandes.

Les cages pour le jardin

Il s'agit de cages de très grandes dimensions, en plastique transparent ou en verre, dotées d'un petit toit et d'un bord haut de 30 centimètres qui réduit le risque de courants d'air.
Ce type de cage se caractérise par une grande fonctionnalité pour l'éleveur, ainsi qu'un confort accru pour l'animal. Elle est dotée d'un fond extractible et de chariots pour pouvoir être déplacée aisément.

La grande cage pour le jardin

Une grande cage doit être conçue de façon telle qu'on puisse la dé-

GRANDE CAGE D'INTÉRIEUR

1. Grandes poignées permettant de soulever la structure pour les opérations de nettoyage.

2. Plans intérieurs fixes, en maille fine pour ne pas endommager les coussinets plantaires des animaux.

3. Base fermée en maille, que l'on peut enlever si l'on préfère un fond mou.

4. Fond amovible en matériau zingué et peint (il serait également fonctionnel en plastique dur) permettant la rétention de liquides et présentant un bord haut de 10 à 15 cm pour empêcher les excréments de déborder.

5. Grande ouverture supérieure.

6. Tuyaux cylindriques dotés d'appuis : le lapin joue en passant à travers.

7. Porte centrale pour passer la nourriture.

8. Écuelle double fonction. Elle peut être utilisée comme bac à sable, si l'on choisit de laisser le fond en maille ; si, par contre, on choisit un fond de sable, elle peut être utilisée pour mettre la nourriture.

9. Trémies pour la nourriture ou pour boire. Il est possible d'en mettre plusieurs avec différents types de nourriture.

10. Râtelier pour le fourrage. Très pratique pour le lapin, et un peu moins pour l'éleveur qui doit ramasser par terre le foin qui s'échappe obligatoirement.

11. Toit en maille.

12. Support métallique.

placer sans problèmes. Elle est dotée d'un toit en pente qui la recouvre complètement ou à moitié, d'un fond en tiroir qui peut être retiré pour la déposer sur l'herbe. Ses dimensions sont de 140 x 80 x 60 centimètres.
À l'intérieur, on y trouve une sorte de boîte qui peut servir de tanière ou de nid suivant les nécessités.
Elle doit, comme les autres logements, être équipée en accessoires et présenter différentes ouvertures.

Les écuelles pour manger et pour boire

Il existe dans le commerce différents types d'écuelles. Les écuelles classiques, qui peuvent être utilisées pour la nourriture et pour l'eau, ont deux défauts : elles occupent de la place et permettent au lapin de rentrer dedans, faisant déborder les aliments ou l'eau, suivant le contenu.
Pour les aliments en flocons, les granulés ou les graines, les trémies sont l'idéal : elles s'appliquent à l'extérieur et laissent descendre graduellement la nourriture en évitant tout gaspillage.
Le foin et les légumes peuvent être stockés dans les râteliers extérieurs.
Pour boire, nous conseillons un auget de type biberon placé à l'exté-

Le lapin peut entrer dans les écuelles classiques et salir la nourriture

rieur de la cage, car il laisse descendre l'eau goutte à goutte. L'animal a de cette façon toujours de l'eau propre à sa disposition ; ce qui n'est pas le cas avec des écuelles, où l'eau se salit rapidement, sans compter que le lapin peut facilement la renverser.

LES ÉCUELLES

Les écuelles pour la nourriture et l'eau sont pratiques, faciles à trouver sur le marché, simples à nettoyer et de remplacement aisé. Il convient de choisir des écuelles en terre cuite ou en acier dont la base, lourde et plus large que l'ouverture, empêche les lapins de les renverser facilement.

Les nids

Les nids sont des boîtes fermées, avec une ouverture supérieure et une ouverture latérale qui permettent d'inspecter l'endroit, et une autre ouverture ronde favorisant les entrées et les sorties du lapin.
Il existe des nids pour l'intérieur de la cage, et d'autres que l'on accroche à l'extérieur grâce à l'ouverture latérale.
Les nids peuvent, en outre, être composés d'une pièce, pour que les lapins puissent se réfugier, ou de deux pièces, destinées à la reproduction. Les deux pièces permettent à la femelle de mettre les petits dans la pièce la plus éloignée et d'en avoir une autre pour se reposer quand elle ne veut pas allaiter.
L'ouverture du nid doit être placée à 10 centimètres du fond pour empêcher les petits de sortir ou d'être traînés à l'extérieur par leur mère, par mégarde, lorsqu'ils tètent. Il est très important que les lapins ne sortent pas du nid avant d'être en mesure de se déplacer, car ils mourraient de froid.
En effet, contrairement à tous les autres mammifères, leur mère ne peut pas les déplacer.
Les dimensions idéales du nid varient suivant qu'il est composé d'une ou deux pièces. Chaque pièce devrait mesurer 30 x 20 x 20 centimètres et devrait présenter deux ouvertures, l'une pour mettre en communication avec l'extérieur et l'autre avec l'autre pièce. Les ouvertures rondes doivent mesurer 10 à 15 centimètres de diamètre, alors que si elles sont carrées, chaque côté doit mesurer 10 centimètres.
Un bon nid doit être en bois dur, de préférence olivier ou hêtre, car faciles à façonner, chauds et résistants aux dents des lapins. L'épaisseur des planches est de 15 à 20 millimètres.
Dans le commerce, on peut trouver des nids en fer, qui doivent être suffisamment rembourrés pour garder la chaleur.

Les bacs hygiéniques

Puisque les lapins s'habituent facilement à salir toujours au même endroit, il convient de mettre dans leur cage un bac avec du sable comme pour les chats. Les dimensions du bac ne doivent pas dépasser les 30 x 20 centimètres. Il doit être doté d'un bord de 6 à 10 centimètres. Ce bac peut être utilisé également lorsqu'on laisse le lapin libre dans toute la maison et non seulement à l'intérieur de la cage (qui doit avoir des dimensions suffisantes pour le contenir).

Les jouets

Les jouets les plus appréciés par nos amis léporidés sont des tuyaux colorés dans lesquels ils peuvent se glisser ; très appréciés également, les petites échelles et les ponts mobiles sur lesquels le lapin se déplace et bascule, emporté par son propre poids.

Une corde qui pend du plafond avec un rameau d'acacia à son bout est également un bon passe-temps qui amuse le lapin et lui permet de limer ses dents avec un bois qui est pour lui une véritable gourmandise.

Un Chinchilla renifle attentivement un Hollandais

L'accouplement et la gestation

L'accouplement

Comme nous l'avons déjà vu, il est assez facile de faire vivre ensemble un couple de lapins et de les faire se reproduire.

Cependant, il vaut mieux séparer le couple, afin d'éviter des « scènes de ménage » et également pour éviter que le mâle ne tue par jalousie les petits.

Donc, il est bien de les laisser jouer librement dans la maison et de les faire éventuellement s'accoupler ; mais ensuite, chacun doit retourner « chez soi ».

Lorsque le mâle veut courtiser la femelle, il se comporte de manière très amusante : en véritable guignol, il commence à faire des bonds autour de sa compagne et à se frotter contre elle. La femelle, pour montrer qu'elle accepte la cour, s'allonge par terre. Alors, le mâle, après avoir frotté son nez contre celui de la femelle et après lui avoir tendrement léché le cou, prend la position de l'accouplement et la femelle se cambre pour faciliter l'acte.

L'accouplement ne dure que dix ou quinze secondes, après quoi le mâle se laisse tomber sur le côté en émettant une espèce de petit cri.

Après quelques secondes, il recommence à courtiser la compagne. Quand le mâle a « honoré » deux ou trois fois la femelle, il s'allonge à ses côtés et reste là en adoration pour sa compagne, en lui faisant des petites léchouilles sur le cou et

L'accouplement

LA TAILLE DU MÂLE

Il convient de faire attention à ce que la taille du mâle ne soit jamais supérieure à celle de la femelle car il transmet ses gènes à la progéniture et des petits trop grands pourraient créer des problèmes lors de la mise bas. Cette règle est à suivre notamment pour les femelles à leur première gestation.

en lui reniflant le nez et les parties génitales.
Les lapins nains atteignent la maturité sexuelle assez précocement ; cependant il vaut mieux éviter l'accouplement avant que la femelle n'ait huit ou neuf mois et le mâle sept ou huit. En effet, pour la femelle, une gestation précoce peut aboutir à la naissance de petits non viables, voire entraîner la mort de la femelle lors de la mise bas.

La gestation

La gestation dure normalement trente jours, mais la mise bas peut avoir lieu sans problèmes entre le vingt-huitième et le trente-troisième jour. La gestation détermine un changement de comportement chez la femelle : les sujets normalement plus calmes deviennent agressifs, alors que les sujets plus nerveux deviennent plus tendres et sociables. Il est possible d'obser-

ver des changements soudains de comportement.
Durant cette période la femelle devra avoir à sa disposition tout ce qu'il lui faut pour construire son nid, activité qui débute normalement au sixième jour de gestation. La femelle remplira son nid de foin et de poils qu'elle arrache de son ventre pour rendre le nid plus douillet.
Pendant cette période, notre petite lapine doit avoir toute la tranquillité nécessaire ; il ne faut la déranger que pour le nettoyage de la cage et pour la nourriture. Son régime doit être le plus varié et abondant possible, avec beaucoup de vitamines et de sels minéraux dans l'eau et dans la nourriture (en petits cubes). Enfin, afin de contrôler que la gestation suit un cours normal, il faut, de temps en temps, soulever délicatement la lapine par le cou et passer la main sur son ventre.

Ce petit lapin observe avec une expression d'attention et de curiosité

LA PSEUDO-GESTATION

Il arrive parfois qu'un accouplement ne soit pas suivi d'une gestation. Cela se produit à cause de certaines hormones, présentes dans l'organisme, empêchant la fécondation des ovules qui sont libérés. La femelle se comporte comme si elle était fécondée : elle construit son nid, arrache son poil, etc. Quand on se rend compte qu'il s'agit d'une pseudo-gestation, il convient de lui enlever le nid, lui modifier l'alimentation et la représenter au plus tôt au mâle pour un autre accouplement.

Un jeune lapin Argenté à côté de ses écuelles

La naissance des petits

Habituellement, la mise bas a lieu très rapidement, après quoi la jeune maman prend soin de ses nouveau-nés (quatre au maximum) en les lavant et en coupant le cordon ombilical. Ensuite elle nettoie le nid en mangeant le placenta. Pour vérifier que tout s'est bien passé, il faudra attendre que la femelle sorte du nid pour manger. Souvent, chez les lapins nains, surtout si la femelle est primipare, il y a beaucoup de mort-nés et/ou une mortalité élevée tout de suite après la naissance. Si tout s'est bien passé, dans le nid nous trouverons des petites créatures sans poils avec la peau rose, de grands yeux fermés et des pattes qui semblent à peine esquissées. Bref, un lapin qui vient de naître n'est pas une véritable beauté. Je me souviens que, encore enfant, quand j'ai vu pour la première fois un lapin nouveau-né je l'ai défini comme : « ce truc » et encore « cette espèce de grosse limace ».
Deux ou trois jours après la naissance, il faut contrôler à nouveau les petits qui doivent avoir une couleur rosée et le ventre plein. Si ce n'est pas le cas, et qu'on n'a pas la possibilité de les mettre en nourrice, il faut intervenir avec l'allaitement artificiel. Toutefois, cela comporte certaines difficultés, donc il est préférable de les laisser avec la mère tout en l'aidant à les allaiter pour qu'ils puissent survivre.
D'habitude la lapine allaite ses petits deux fois par jour en adoptant une position qui leur permet de s'aligner en dessous, le ventre en

Le lapin se déplace dans l'herbe en faisant des petits sauts : ici, notre ami se prépare à bondir

l'air, et d'attraper ainsi les tétines. Examinons maintenant les phases de croissance des petits lapins.

Première semaine

À sa naissance le jeune lapin n'a pas de poils, il a la peau douce et les yeux et les oreilles fermés. Sa journée consiste en une longue sieste, blotti dans son nid chaud, entre une tétée et l'autre. Durant cette phase le petit se nourrit de colostrum, un liquide mammaire produit par la femelle après la mise bas. Ce liquide ressemble au lait tout en étant beaucoup plus

CE QU'IL FAUT FAIRE AVANT D'INSPECTER LE NID

Avant d'inspecter le nid il convient de se laver les mains pour enlever les odeurs qui pourraient indisposer la femelle et la pousser à abandonner ses petits. Ce risque augmente si la femelle est à sa première gestation.

L'allaitement des petits

nourrissant et beaucoup plus riche en anticorps qui protègent donc les petits des maladies. Pour aider la femelle pendant la période de l'allaitement, on peut avoir recours à des aliments qui stimulent la production de lait.

Deuxième semaine

Vers le huitième ou neuvième jour, le petit commence à ouvrir les yeux et le corps se recouvre d'un léger duvet qui présente déjà la couleur définitive du lapin.

Vers le dixième ou onzième jour, grâce au lait maternel, très riche en graisses et en éléments nutritifs, le poids du jeune lapin double par rapport au poids à la naissance.

À la fin de la deuxième semaine, quand les yeux et les oreilles fonctionnent normalement, les petits lapins commencent à faire « coucou » de l'ouverture de leur nid avec le nez toujours en mouvement.

Leur allure est encore instable, ainsi que leur équilibre sur les pattes postérieures.

Troisième semaine

Pendant la troisième semaine, les sorties du nid se font de plus en plus fréquentes car la force et la stabilité sur les pattes augmentent chaque jour.
Ils commencent à imiter leur mère et goûtent à la nourriture. En réalité, ils ne mangent pas vraiment, ils commencent juste à avoir ce réflexe et leur mère continue de les allaiter.

Quatrième semaine

Pendant cette semaine ils découvrent le jeu. Libres dans la maison, ils commencent à bondir, à faire des pirouettes, heureusement sans se faire mal.
L'activité physique est très importante pour le bon développement de la musculature, du muscle cardiaque et de l'appareil respiratoire. Ils commencent à se nourrir seuls, mais leur mère, dévouée, continue de les allaiter.

Cinquième semaine

La croissance des petits lapins est de plus en plus rapide.
Ils acquièrent assurance et capacité de mouvement. Ils sont désormais agiles. Le lait de la mère diminue et les tétées se font plus rares.

Sixième semaine

La phase de croissance des jeunes lapins continue. Ils mangent presque exclusivement des aliments solides ; toutefois, dans les limites du possible, la mère continue de les allaiter.

Septième semaine

La femelle n'a maintenant plus de lait. Sa présence a désormais une valeur affective et d'enseignement. En effet, les petits commencent à imiter leur mère et à se comporter « comme des grands ».

Huitième semaine

Le sevrage a eu lieu. Les lapins peuvent être séparés de leur mère et être élevés comme des lapins adultes, en veillant particulièrement à l'alimentation car la phase de développement n'est pas encore terminée.

Neuvième semaine

Les jeunes lapins sont désormais tout à fait indépendants de leur mère dont ils ont un vague souvenir, mais dont ils gardent les précieux enseignements.

Maturité

Un lapin peut être considéré comme adulte lorsqu'il atteint la maturité sexuelle ; en effet, c'est à ce moment qu'arrive à terme la croissance physique et psychologique.
Notre petit lapin est désormais complètement développé, sa musculature ainsi que ses os sont très forts, son organisme prend des rythmes normaux et notre ami se trouve tout à fait à son aise dans ce monde.

L'IMPORTANCE DE L'HYGIÈNE PENDANT LA CROISSANCE DES PETITS

Pendant la croissance des petits, l'hygiène du nid, de la litière et de la cage en général, est très importante car ils sont très fragiles et risquent de tomber facilement malades.

Un Hollandais sur une litière

Les problèmes de la période reproductive

Dans ce chapitre nous reprenons le discours sur la reproduction afin d'examiner plus en détail les problèmes qui peuvent se poser à nos petits amis les lapins pendant cette phase.
Puisque les difficultés sont la plupart du temps liées aux problèmes alimentaires, nous vous conseillons de bien prêter attention au chapitre qui suit, consacré à l'alimentation. Cela vous permettra de bien cerner les nécessités alimentaires du lapin nain et de faire face aux problèmes les plus fréquents.
Pour éviter que la femelle ne dépérisse pendant la gestation et ne mène pas à bon terme la mise bas ou que les fœtus ne soient endommagés, il convient de fournir à la future mère un apport en protéines accru pendant toute la période de gestation. Cet apport doit être augmenté jusqu'à représenter 15 à 18 % de la ration totale pendant les vingt premiers jours, et pendant les dix derniers jours cette proportion devrait être portée à 20-24 %, voire davantage s'il s'agit de primipares très jeunes.
Un autre problème qui peut frapper la femelle pendant la période de l'allaitement est la mammite. Il s'agit d'une infection des glandes mammaires due aux staphylocoques, qui est non seulement douloureuse, mais réduit aussi la quantité et la qualité du lait.
Pour intervenir, il faut injecter un antibiotique à large spectre, soigner les mamelles malades et aider la lapine dans l'allaitement des petits (par allaitement artificiel) sans les lui enlever du nid.
Si une lapine ayant des petits à allaiter n'a pas beaucoup de lait, il

conviendra d'enrichir l'alimentation et de fournir à l'animal beaucoup de sels minéraux. La capacité de produire du lait est héréditaire, donc si nous observons qu'une femelle saine et bien alimentée a des difficultés dans ce sens, il faudra en tenir compte quand le moment sera venu de faire reproduire ses filles.

Après l'accouplement et pendant toute la période reproductive, la femelle a besoin de beaucoup de tranquillité et d'une température le plus possible constante autour de 15 à 18 °C. Une température supérieure ne pose pas de problème à condition que l'endroit soit bien aéré.

Des écarts de température importants, un excès d'humidité ou un milieu trop bruyant peuvent entraîner un avortement ou, si les petits sont déjà nés, l'abandon du

Le poil souple et doux est la caractéristique principale des lapins Angora

nid. Parfois la femelle arrive à tuer sa progéniture.
Chez les lapins, les cas de stérilité sont assez rares. Il est possible de se trouver face à une stérilité temporaire de la femelle pendant la période de la mue, ou pendant la période froide ou encore quand l'animal présente un excès de poids. Ces mêmes facteurs peuvent également provoquer des périodes de stérilité chez les mâles.
Par contre si les animaux se trouvent être stériles en dehors des situations que nous venons de citer, il est possible qu'il s'agisse de stérilité chronique due à d'autres causes.

Au premier plan un Fauve, et derrière un Alaska

L'alimentation

À l'état sauvage, les lapins sont des végétariens très voraces dévorant presque tous les végétaux qui tombent sous leurs dents. Naturellement, en captivité nous devons veiller à leur offrir un régime varié, riche et complet de façon à satisfaire nos amis.

Il est intéressant de savoir que chaque lapin a ses propres goûts, donc des aliments peuvent être une véritable gourmandise pour certains et laisser totalement indifférents d'autres lapins.

Une chose est sûre : le lapin a besoin d'un énorme apport énergétique. Il suffit de penser que pour chaque unité de poids corporel, les besoins du lapin sont trois fois supérieurs à ceux des bovins.

Une alimentation idéale doit être riche en protéines, fibres, matières grasses, sels minéraux et vitamines. En conditions normales, la quantité journalière de nourriture est composée de 15 % de protéines, 35 % de fibres, 10 % de matières grasses et 3 à 4 % de sels minéraux et de vitamines. Le reste est constitué par l'eau qui dérive en partie des aliments frais.

Maintenant que nous connaissons ces éléments généraux, nous pouvons regarder plus en détail quels sont les aliments riches, variés et à leur goût qu'il convient de leur distribuer :

- mélange de graines ;
- granulés ;
- foin et fourrage frais ;
- légumes frais ;
- fruits frais ;
- pain et biscuits secs ;
- aliments complémentaires ;
- eau.

Position qui indique circonspection et attente

Mélange de graines

Il convient de toujours laisser à la portée du lapin un bon mélange de graines pour qu'il puisse se nourrir quand il l'estime nécessaire. Dans ce mélange, notre petit ami fera le tri suivant ses goûts.
Dans les magasins on trouve facilement de bons aliments tout prêts dont la composition varie suivant la maison qui les produit, mais qui contiennent en général du maïs à petite graine entier et à grosse graine concassé, de l'orge en flocons, des graines de tournesol, de l'avoine, du froment et des morceaux de caroube.

Granulés

Il s'agit d'une nourriture excellente car les aliments sont moulus et comprimés ; par conséquent, le lapin ne peut pas faire un tri et mange tous les éléments nutritionnels contenus dans ce produit.
Les granulés, comme les graines, peuvent être laissés près de l'animal pour qu'il se serve quand il le veut, et c'est encore mieux s'ils se

Un jeune Angora en train de manger

trouvent dans la même écuelle. En général, la composition des granulés varie suivant les nécessités. Il existe des granulés pour les adultes, pour la période reproductive, et pour le sevrage des petits. Les granulés contiennent les éléments suivants : avoine, orge, et froment moulus, farine de fourrage, de soja et d'arachides, son, farines de fruits et de légumes lyophilisées, et un apport en vitamine A (environ 2 000 U. I.) et en vitamine D_3 (environ 500 U. I.) auxquelles s'ajoutent des sels minéraux.

Foin et fourrage

Le foin et le fourrage frais peuvent faire partie de leur régime quotidien à condition de donner des produits de premier choix. Le foin doit provenir d'un pré mixte, il doit être sec et avoir un parfum délicat.

S'il est difficile de nous procurer du foin de qualité, il vaut mieux avoir recours aux cubes de foin compressé qui se vendent communément pour les chevaux et les bovins. Le fourrage frais doit être sec sans être fané. Il faudrait le

couper au soleil et l'administrer en journée.
Si cela n'est pas possible, on pourra le remplacer par des fruits et des légumes frais.

Légumes frais

Il ne faut pas hésiter à faire plaisir à notre petit ami en lui donnant des légumes frais. En effet, pour lui c'est une gourmandise qui lui apporte, en plus, beaucoup de sels minéraux et de vitamines. Il convient de lui faire manger des légumes tous les jours en veillant à ce qu'ils soient bien mûrs, secs et propres. Il faut impérativement éliminer les restes du jour précédent car la moisissure et le pourrissement peuvent nuire à la santé de notre lapin.
Parmi les légumes et les herbes que notre ami préfère, nous trouvons :
- carottes ;
- céleri ;
- chicorée ;
- laitue ;
- fenouil ;
- betterave ;
- chou ;
- petits pois frais avec gousse ;
- liseron ;
- dent-de-lion ;
- trèfle ;
- luzerne ;
- millet ;
- vesce ;
- sainfoin ;
- ortie blanche ;
- centaurée ;
- mouron blanc ;
- bruyère ;
- genêt ;
- rameaux de peuplier avec des bourgeons ;
- toutes sortes de salades.

Les lapins apprécient également les feuilles de :
- mûrier ;
- vigne ;
- peuplier ;
- bouleau ;
- pommier ;
- poirier ;
- prunier ;
- tilleul (rameaux) ;
- noisetier (rameaux) ;
- saule (rameaux) ;
- osier (rameaux) ;
- acacia (rameaux).

Naturellement cette liste n'est pas exhaustive, il y a d'autres plantes que notre lapin apprécie ; toutefois cette liste permet déjà d'avoir un choix varié.
Dans les limites du possible, il est conseillé de trouver pour nos amis les rameaux des arbres indiqués dans la liste.
En effet, non seulement ils contiennent des sels minéraux importants, mais ils offrent aux lapins un bon moyen pour se limer les dents en rongeant l'écorce dont ils raffolent. Le bois pourra être ensuite utilisé pour jouer.

LES PLANTES ET LES FEUILLES TOXIQUES POUR LE LAPIN

Nous rappelons que, dans la nature, le lapin évite de manger instinctivement certains exemplaires de végétaux. En captivité cet instinct se perd et notre lapin risque de manger un végétal toxique que nous pouvons lui donner par erreur et qui peut avoir de lourdes conséquences. Voilà donc les végétaux, feuilles et plantes que le lapin doit impérativement éviter : feuilles de chêne, laurier, if, tremble, troène, muguet, pavot, pomme de terre, primevère, anémone, belladone, ciguë et fougère.

Fruits frais

Les fruits sont également un aliment excellent pour les lapins nains. Toutefois, il convient de les distribuer en petites quantités car il s'agit de substances laxatives.
Le fruit que les lapins préfèrent est probablement la pastèque, qu'ils dévorent sans distinction entre la pulpe rouge, la partie blanche et l'écorce.
Le melon, les fraises, les kiwis, les cerises, les pêches, les pommes, les poires, la papaye et l'avocat font partie des autres fruits qui peuvent faire plaisir à nos amis les lapins.

Pain et biscuits secs

Il s'agit là d'aliments qui peuvent être une récompense lorsque nous jouons avec notre lapin. Mais ils peuvent également être mis à sa disposition dans sa cage afin qu'il s'en serve pour limer ses dents.
Les biscuits ne doivent pas être recouverts de sucre ni de chocolat, il faut préférer les galettes et les biscuits secs.

Aliments complémentaires

Les vitamines et les sels minéraux sont intégrés dans les aliments granulés, cependant il convient de laisser un petit cube de sels minéraux que l'animal pourra lécher ou ronger lorsqu'il en ressent la nécessité.

LES BESOINS EN CALCIUM

Le lapin a un énorme besoin d'apport en calcium. Il suffit de penser qu'une femelle en gestation doit en ingérer au moins 2 à 3 grammes par jour.

Une autre habitude qu'il convient de prendre est celle de dissoudre dans l'eau, une ou deux fois par semaine, une substance plurivitaminée enrichie avec des sels minéraux.

Dans le commerce, il en existe de différentes qualités ; en général elles contiennent :

– *cuivre*, dont le manque peut ralentir la croissance chez les jeunes lapins et provoquer la perte de poils ;

– *manganèse*, qui augmente le rythme de croissance chez les lapins jeunes ;

– *iode*, qui aide à la croissance générale des animaux ;

– *sel*, dont le manque provoque la déshydratation et la diminution de lait chez les femelles en phase d'allaitement ;

– *vitamine A*, dont le manque provoque une ophtalmie, une kératose des muqueuses, une dégénérescence du système nerveux et un médiocre développement chez les sujets jeunes ;

– *vitamine D*, dont la carence provoque le rachitisme et ralentit le rythme de croissance chez les jeunes. Avec les rayons du soleil, l'organisme des lapins produit spontanément cette vitamine ;

– *vitamine E*, dont la carence peut provoquer une dystrophie de certains muscles, mais contrairement à ce qui se passe chez d'autres espèces sa carence n'a pas d'incidence sur le dynamisme de la reproduction.

Un jeune exemplaire d'Alaska se promène dans un pré

Eau

Le lapin nain a besoin d'une quantité d'eau considérable tous les jours, même s'il bénéficie des liquides des aliments frais. Voilà pourquoi pour une alimentation équilibrée, il ne faut jamais oublier de changer chaque jour l'eau de son auget, où le lapin boit beaucoup.

L'APPORT QUOTIDIEN EN NOURRITURE

Normalement les lapins mangent quand ils en ont besoin. Toutefois, il peut arriver qu'un lapin s'ennuie dans sa cage et mange plus que nécessaire, prenant trop de poids. Dans ce cas il faudra intervenir en réduisant graduellement sa ration de nourriture, jusqu'à ce que l'animal perde du poids. Ensuite il faudra augmenter à nouveau la quantité en faisant attention d'arrêter si le lapin recommence à grossir.

Un lapin nain qui broute l'herbe d'un pré

Ce qu'il ne faut pas oublier

Résumons maintenant tout ce qui est indispensable pour bien « élever » les lapins nains :

– choisir un logement convenable ;
– maintenir le logement et les accessoires propres et désinfectés ;

Un jeune Hollandais qui a senti un danger

Un lapin Hermine Angora effrayé qui se réfugie dans un coin

– administrer une alimentation saine et variée ;
– laisser toujours de l'eau à disposition ;
– en cas de reproduction, fournir un nid et une alimentation adéquate ;
– consacrer un peu de temps à jouer avec le lapin nain, surtout s'il vit seul ;
– dans l'accouplement des lapins, porter la femelle dans la cage du mâle et jamais le contraire ;
– ne jamais garder plusieurs mâles adultes dans la même cage car les bagarres, parfois violentes, seraient à l'ordre du jour.

Il convient, en outre, de rappeler que :
– le mâle, s'il vit libre à la maison, ne peut pas se passer de marquer son territoire en urinant sur les tapis, les meubles et tout ce qui l'inspire ;
– la femelle, même si elle est très domestiquée, pendant la gestation

doit être laissée le plus possible tranquille ;
– choisir un lapin qui vient d'être sevré en facilite la domestication ;
– si nous n'avons pas beaucoup de temps à consacrer à notre ami, il vaut mieux ne pas le laisser tout seul. Deux femelles peuvent parfaitement bien vivre ensemble ; en outre, un lapin nain et un cobaye péruvien, par exemple, peuvent se tenir facilement compagnie.

Un cobaye péruvien peut être une bonne compagnie pour un lapin nain

LE LAPIN NAIN
À LA MAISON

Réflexions avant l'achat

Quand l'envie nous prend d'adopter un animal, quel qu'il soit, il faut tout d'abord se demander si l'on sait ce que cela implique. En effet, indépendamment du choix de l'animal, il est nécessaire de

Expression attentive pleine de curiosité d'un jeune lapin

prévoir un endroit pour le loger, de consacrer du temps à s'occuper de lui, surtout qu'il s'agit d'un être vivant et non pas d'un jouet qui peut être jeté aux oubliettes quand nous n'en avons plus envie. Chaque animal, en outre, a ses propres exigences qu'on se doit de connaître pour lui assurer une existence heureuse car, tout compte fait, il ne nous a pas demandé d'être adopté.

Nous avons vu tout ce qu'il est nécessaire de connaître sur les lapins nains. Il ne s'agit pas d'un animal qui a besoin d'attentions particulières susceptibles de nous dissuader de son achat.

Il faut toutefois tenir compte, si nous avons décidé d'en prendre un, du fait qu'un lapin nain vit en moyenne dix années et qu'il s'attache beaucoup à son maître. Ce n'est pas très beau d'abandonner un animal après l'avoir adopté...

Si nous ne sommes pas assez libre pour lui garantir un peu de compagnie, il faut lui trouver un autre ami pour lui éviter une vie triste et mélancolique. Il est inutile de rappeler que tout comme les chats, les chiens et les canaris, les lapins nains ont besoin d'être soignés également quand nous sommes en vacances. Par conséquent, si nous ne pouvons pas l'emmener, il faut le mettre dans une animalerie...

Si nous faisons partie d'une famil-

Voyons ce qui va se passer...

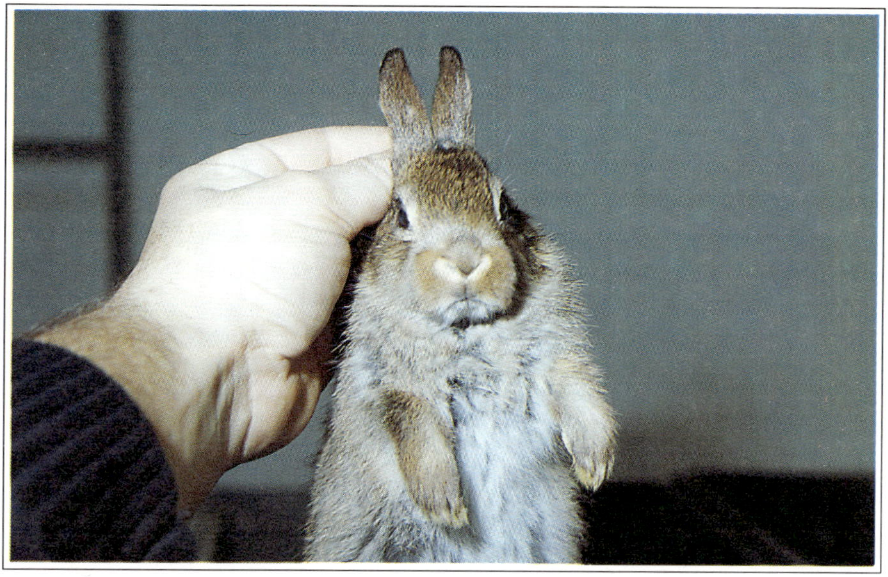

Voilà comment il faut observer la condition physique de notre petit lapin

le nombreuse, il faut que tous, y compris d'éventuels chiens ou chats, soient d'accord pour accueillir ce nouveau membre.

Dans certains cas, très rares, le poil du lapin peut provoquer des allergies. Si nous faisons partie des personnes allergiques, il faut s'abstenir de l'achat. Si le problème apparaît après l'achat, j'estime que cela justifie (seulement dans ce cas exceptionnel) de ramener l'animal au magasin si nous ne pouvons pas le faire adopter par des amis.

Si, après toutes ces réflexions, vous êtes encore décidé à adopter un lapin nain, il ne faut plus hésiter ! Vous allez probablement être étonné de l'affection et de la sympathie que vous manifestera ce petit animal.

L’arrivée à la maison

Le changement d’environnement provoque un petit choc chez tous les animaux.
Or, le lapin nain a un bon caractère, il est sociable et s’habitue facilement à l’homme ; il s’adapte donc plus facilement qu’un oiseau privé de liberté qui se trouve du jour au lendemain dans une cage.
Cependant, le fait de déménager et d’être en contact avec d’autres gens, d’autres odeurs inconnues, provoque certainement un peu de stress à notre petit ami.
Afin de réduire ce stress, il faut veiller à ce que le voyage vers sa nouvelle maison soit le plus court possible (on peut utiliser des petites cages de voyage ou un carton avec des trous pour l’air).
Nous aurons auparavant eu la prévenance de lui préparer une cage bien propre avec tous les accessoires et avec des « gourmandises » pour lui souhaiter la bienvenue.
Maintenant que notre ami est dans sa cage, il faut lui laisser une journée de tranquillité pour qu’il s’habitue aux bruits, aux odeurs de la maisons et aux personnes qui l’habitent ; il aura de cette manière l’occasion de se mettre à l’aise dans sa nouvelle demeure. Sa curiosité innée le poussera à prêter attention à ce qui se passe en dehors de son « territoire » et, seulement quand nous nous rendrons compte qu’il est tranquille, nous pourrons le caresser, d’abord en le laissant dans sa cage et ensuite en le faisant sortir. Quand il sort de la cage, il faut le laisser renifler tout ce qu’il rencontre pour qu’il se sente à l’aise.

Petit lapin en équilibre sur les pattes postérieures pendant qu'il lèche les pattes antérieures

COMMENT SAVOIR S'IL SE SENT À L'AISE

Quand notre petit ami commence à faire sa toilette en se léchant et en se frottant le nez avec les pattes, quand il reste en équilibre sur notre main ou sur nos jambes lorsque nous sommes assis, cela veut dire que nous avons gagné sa confiance.

Où et comment l'installer

Comme nous l'avons déjà dit, il existe dans le commerce des cages de tailles différentes pour l'extérieur et l'intérieur.
Le lapin, on le sait, peut se contenter d'un espace limité ; toutefois il est préférable de mettre à sa disposition le plus de place possible.

L'emplacement de la cage à la maison

Il n'existe pas d'endroit idéal pour l'emplacement de la cage, à l'exception d'une pièce vide pour lui. Pour choisir un bon emplacement il faut tenir compte des critères suivants.

• La cage doit être dans un endroit lumineux qui ne reçoit pas la lumière directe ; elle ne doit pas se trouver à côté d'une fenêtre car les courants d'air peuvent nuire à la santé de notre ami.

• L'aération ne doit pas être directe sur l'animal à cause des courants d'air.

• La chaleur, dans des limites raisonnables, est appréciée. Il convient de garder la cage loin des sources de chaleur.

• L'humidité n'est pas saine pour la vie de tous les animaux domestiques. Par conséquent il faut éviter de placer la cage dans la salle de bains et dans la cuisine car ce sont les endroits les plus humides de la maison et où il y a des écarts de température importants.

Dans un jardin, le lapin est libre de courir et de jouer

• La cage doit être placée dans un coin tranquille, loin de la télévision, de la chaîne hi-fi, et des autres sources de bruits.

• Puisque notre lapin affectionne la compagnie, l'emplacement de la cage doit respecter son besoin de se sentir membre de la famille.

En suivant toutes ces recommandations nous pouvons être sûr de lui offrir une existence heureuse.

L'emplacement sur le balcon

Les mêmes critères mentionnés au paragraphe précédent doivent être respectés si le lapin est logé sur le balcon. Il faut éviter de le laisser exposé directement au soleil et aux courants d'air ; pour cela son habitat doit prévoir un endroit couvert. Dans le commerce, diverses solutions sont envisagées dans ce but.

Dans sa cage, le lapin se sent en lieu sûr. Les endroits familiers le tranquillisent

Il est également possible de laisser le lapin libre sur le balcon, à condition d'avoir placé un grillage à maille fine, haut de 80 centimètres, devant la balustrade. Cela évitera que notre ami, poussé par sa curiosité, ne tombe en se penchant.
Il faudra prévoir une caisse pour le nid, un bac à sable et, bien sûr ses écuelles.

L'emplacement dans le jardin

Dans un jardin, l'emplacement idéal est sous un arbre où l'exposition au soleil ne sera pas directe, tout en veillant à ce qu'il n'y ait pas trop de courants d'air. Les cages vendues dans le commerce sont équipées de tout le nécessaire.

Le jeu et la domestication quotidienne

Le lapin nain, notamment quand il est jeune, est un animal timide, donc il faut l'habituer petit à petit à jouer avec nous.
Il convient de commencer avec des caresses (jamais à contre-poil) ; ensuite on pourra le gratter derrière les oreilles et sous le museau, ses zones de prédilection.
Nous devons veiller à ce que chaque mouvement soit lent, sans oublier de prononcer son nom d'une voix douce en l'accomplissant.
Après quelques jours nous serons étonné de voir que notre petit ami reconnaît son nom et vient à notre rencontre quand nous l'appelons.
Dans la vie de tous les jours il est normal de prendre le lapin dans ses bras ou de le soulever pour le faire changer de place.
La bonne façon de prendre le lapin est de le soulever par la peau du cou et de le soutenir éventuellement avec l'autre main par-dessous, surtout s'il s'agit d'une femelle en gestation.
Quand nous libérons le petit lapin, après quelques heures dans sa cage, nous le verrons courir et

NE JAMAIS SOULEVER LE LAPIN PAR LES OREILLES

Soulever le lapin par les oreilles est une pratique très commune mais tout à fait incorrecte. En effet, cette partie du corps est très sensible, par conséquent la prise provoque une forte douleur à l'animal.

Ce n'est pas la bonne façon de soulever un lapin ; toutefois, si la prise n'est pas trop forte, elle ne provoque pas de dommages

gambader de-ci de-là. Un bon système pour le pousser à sympathiser avec nous est de s'allonger par terre et de le laisser venir vers nous. Il ne résistera pas longtemps à la tentation de bondir sur le ventre ou le dos de son maître.

Quand nous remettons l'animal dans sa cage, pour éviter qu'il assimile ce geste à une punition, il faudra lui donner une petite gourmandise, une feuille de salade, un bout de pomme ou toute autre friandise.

Pour lui apprendre à faire ses besoins dans un endroit bien précis, il suffit d'exploiter une de ses caractéristiques naturelles, celle de faire toujours au même endroit.

En effet, même dans sa cage le lapin choisit un coin et l'affecte à

Façon correcte de soulever un lapin. De cette manière, nous ne lui faisons pas mal et surtout nous n'endommageons pas sa structure osseuse, ce qui peut arriver en le prenant sous les pattes antérieures. À éviter absolument : la prise par les oreilles qui pourrait provoquer des traumatismes à cette partie du corps très délicate

ce type d'usage. Par conséquent, si on veut lui indiquer un endroit quand il est en liberté dans la maison, il suffira de transporter un peu de ses excréments dans l'endroit choisi et son odorat lui indiquera où il faut aller. Par la suite cette opération ne sera plus nécessaire, le lapin reconnaîtra le bac.

La meilleure façon pour jouer avec notre petit lapin consiste à se servir de boîtes en carton, tuyaux en plastique et rameaux d'arbre. On apprendra au lapin à sauter dans la boîte ou à passer dans le tuyau sur ordre vocal, ou encore à tirer le rameau avec les dents et les pattes antérieures en reculant avec les pattes postérieures.

Après peu de temps, le lapin apprendra, comme le chien, à reconnaître le ton de la voix pour savoir si on lui adresse un compliment, un ordre, ou si on le gronde. Il est indispensable de lui consacrer du temps pour les jeux : les résultats dépendent directement de notre disponibilité. En général, si l'animal vit seul dans sa cage, il faudra le faire sortir au moins une vingtaine de minutes, trois ou quatre fois par jour. L'activité physique du jeu est importante d'un point de vue psychologique, mais aussi physique : le cœur et l'appareil respiratoire tirent un grand bénéfice d'une activité ludique régulière.

Dans la maison le lapin peut courir certains risques qui sont directement liés au jeu et à la domestication et qu'il convient de

Un lapin Angora en position d'alerte et d'attente

mentionner tout de suite. Les carrelages glissants ou froids peuvent provoquer des glissades ou des refroidissements ; en outre, les câbles et les fils électriques sont irrésistibles pour les lapins qui essaieront tout de suite de les ronger, au grand risque de s'électrocuter. Si nous arrivons à surprendre notre lapin en « flagrant délit » et à le gronder plusieurs fois, il y a de fortes probabilités pour qu'il cesse de le faire.

Le lapin est, somme toute, un des animaux domestiques parmi les plus affectueux et obéissants, grâce à la relation étroite qui s'établit avec son maître.

Un beau spécimen d'Angora

Le comportement

Puisque le langage vocal du lapin nain est difficilement perceptible, nous devons apprendre à déchiffrer le langage du corps, les attitudes et les réactions.
L'interprétation de ses gestes est fondamentale pour mieux comprendre notre petit ami et pour mieux nous faire comprendre.

• Frottement du menton sur les objets.
C'est une façon de marquer son territoire ; en effet, sous le menton il y a des glandes qui sécrètent une substance inodore pour l'homme mais perceptible pour le nez d'un autre lapin.

• Aplatissement par terre avec les oreilles adhérentes au corps.
C'est un comportement qui indique que notre ami est terrorisé par quelque chose. Il faut donc le caresser et lui parler doucement.

• Corps cambré et queue horizontale.
Cela exprime un état de tension et de stress causé par quelque chose provenant de l'extérieur. Il faut le calmer avec des caresses et si cet état de tension persiste, il vaut mieux le remettre dans sa cage où il se sentira protégé par son environnement habituel.

• Oreilles couchées et corps tendu.
Attitude qui indique agressivité et risque de morsure... Il vaut mieux faire attention à la façon dont on le prend.

Le corps légèrement cambré et la queue horizontale dénotent un état d'alerte et de nervosité

• Pattes postérieures qui tambourinent au sol.
Signal d'alerte qui précède la fuite.

• Position dressée sur les pattes postérieures.
Celle-ci est la posture classique que l'animal prend lorsqu'il est « rongé » par la curiosité.

• Roulement au sol.
Cela indique que le lapin est tout à fait relaxé et joue tout seul.

• Position allongée avec les pattes détendues.
Cela signifie que l'animal se repose. Il ne faut pas le déranger.

• Petits coups de museau contre la main du maître.
C'est une véritable invitation à jouer ou à faire un câlin. Il ne faut pas le décevoir.

• Lorsqu'il lèche la main du maître.
C'est une grande démonstration

d'amour. Il faut répliquer avec beaucoup de caresses.

• Grincement des dents.
C'est le signe qui indique une souffrance physique.

• Soufflement.
Il s'agit du plus haut degré d'agressivité du lapin, qui, normalement, précède une attaque.

Ce lapin montre son agressivité en tendant le corps vers l'avant

Deux lapins qui se relaxent en position allongée

La cohabitation avec les autres animaux

Une fois, en parlant d'un cas singulier où deux races complètement différentes vivaient ensemble, il m'est arrivé de dire qu'aucune cohabitation n'est impossible ; en réalité, il ne faut pas prendre cette

Cet Hermine se sent protégé et se déplace tranquillement dans l'herbe

Cela peut être amusant de loger un cobaye péruvien albinos avec un lapin nain Hermine : le blanc, c'est beau !

affirmation à la lettre, car la cohabitation d'un lapin avec un renard ne durerait pas longtemps.
Toutefois, il est possible de faire vivre un lapin nain avec d'autres animaux domestiques. Il y a beaucoup de chiens ou de chats qui tolèrent la présence d'un lapin nain, et dans certains cas ils peuvent aussi se lier d'amitié. Plus difficile est la relation entre un lapin et un merle indien ou un perroquet, car ces oiseaux se montrent souvent agressifs avec le petit lagomorphe.
La cohabitation avec des cochons d'Inde et des cobayes péruviens est, par contre, une véritable réussite.
Notamment avec ces derniers, avec lesquels le lapin peut même partager la cage, puisque leurs habitudes alimentaires sont similaires.

Hygiène et entretien

Notre rôle est de faire en sorte que la cage et les accessoires de notre lapin soient toujours propres et désinfectés. Ceci, non seulement rend plus saine la vie du lapin, mais évite, en outre, la formation

Expression cocasse d'un jeune lapin de deux mois aux yeux fermés

d'odeurs désagréables que dégagent les cages mal nettoyées. Chaque jour il faudra enlever, du fond de la litière, le sable imprégné d'urine et compléter avec de la litière propre.
Une fois par semaine, il faudra changer complètement la litière et laver le fond de la cage avec de l'eau et un désinfectant.
Les écuelles devront également être désinfectées une fois par semaine avec les produits du commerce et de l'eau.
Bien que le lapin passe beaucoup de temps à nettoyer son pelage, il existe dans le commerce des brosses pour l'entretien de la fourrure. De plus, très souvent le lapin considère le brossage comme un geste affectueux.
Une éventuelle coupe des dents et des ongles est une opération très délicate, donc, si on manque d'expérience, il vaut mieux s'adresser à un vétérinaire.
L'entretien et l'hygiène de l'habitat sont une véritable prévention contre les maladies, assez fréquentes chez le lapin.

Lapin nain commun

LES MALADIES ET LES SOINS

Le sujet sain et le sujet malade

Les caractéristiques principales pour reconnaître un lapin **en bonne santé** sont les suivantes :
– pelage brillant ;
– œil clair ;
– muqueuses du nez sèches ;
– appétit régulier ;
– vivacité et curiosité ;

Lapin nain en bonne santé

– respiration régulière : entre soixante et soixante-dix respirations par minute ;
– rythme cardiaque entre deux cents et trois cents pulsations par minute ;
– température comprise entre 39 et 40 °C.

Le sujet **malade** présente en revanche des caractéristiques opposées :
– pelage feutré et ébouriffé ;
– œil vitreux et parfois chassieux ;
– muqueuses du nez humides avec parfois des écoulements de mucus ;
– ventre creux ou gonflé ;
– apathie et somnolence ;
– appétit altéré accompagné de soif inhabituelle ;
– respiration difficile ;
– démangeaisons ;
– rythme cardiaque accéléré ou plus lent ;
– température dépassant 40 °C.

Deux lapins Angora attentifs

Le premier secours de l'éleveur

Les lapins nains peuvent se trouver confrontés à de petits problèmes de santé que nous pouvons facilement résoudre sans avoir recours au vétérinaire. Il convient par conséquent d'avoir à disposition une petite boîte de premiers soins qui doit prévoir :
– *eau de Javel* ou un autre produit analogue pour désinfecter son habitat ;
– *coupe-ongles* pour couper les ongles et les dents ;
– *collyre* ou *pommade ophtalmique* pour soigner les inflammations des yeux ;
– *antiparasitaire* contre les acariens afin de combattre, ou mieux, de prévenir la gale ;
– *extrait de chêne* (ou un autre astringent) à utiliser en cas de diarrhée légère ;
– *pommade bactéricide* qu'il convient d'appliquer sur de petites blessures ; très efficace, la propolis en solution alcoolisée qui, étant une substance naturelle, ne nuit pas à la santé si le lapin lèche la blessure ;
– *complexes vitaminés* ou produit nourrissant complémentaire pour les moments de stress ou de fatigue dus à la période de la reproduction ou de mue.
Examinons maintenant comment il faut intervenir pour les problèmes de santé courants.

Diarrhée légère

Si la quantité d'excréments mous devient excessive, il faut tout d'abord bien nettoyer la litière et l'habitat. Après quoi il faudra administrer à notre petit lapin de la

Californien qui se repose

camomille avec de l'extrait de chêne.
Le régime habituel doit être modifié en éliminant les aliments frais ; l'idéal serait de lui donner des petites quantités de riz cuit sans sel et du pain rassis pendant deux ou trois jours. Si les symptômes ne cessent pas, il convient de s'adresser à un vétérinaire. Il ne faut pas oublier qu'un endroit chaud et tranquille accélère la guérison.

Inflammation des yeux

Si le lapin présente des difficultés à garder les yeux ouverts et que la zone autour des yeux devient gonflée et humide, il est possible que la cause en soit une conjonctivite. Il convient donc de ne pas s'alerter tout de suite et de lui appliquer du collyre et une pommade ophtalmique. Si, par contre, le gonflement des yeux et les écoulements oculaires ne cessent pas dans les deux jours qui suivent, il faudra consulter un vétérinaire.

Lésions des coussinets plantaires

Quand les coussinets plantaires du lapin deviennent gonflés, enflammés, voire coupés, avec formation de croûtes, la première chose à faire est de contrôler la litière de sa cage : en effet une bonne litière évite normalement ce genre d'inconvénients. Néanmoins, cela peut toujours arriver, pendant le jeu par exemple. Dans ce cas il faut tremper la patte infectée dans de l'eau tiède avec quelques gouttes de désinfectant, afin de ramollir les croûtes pour mieux les enlever. Il faut ensuite bien sécher et passer une pommade bactéricide sur la patte (par exemple, une pommade iodée).

Blessures

En cas de blessure, il faut tout d'abord couper les poils autour de la plaie et désinfecter pour accélérer la cicatrisation. Si la blessure est importante, il convient d'avoir recours à un vétérinaire.

Médicaments

Les médicaments comme les antibiotiques, les sulfamides et tout autre produit traitant contre des maladies telles que la myxomatose, la coccidiose, les entérites et d'autres affections, ne peuvent être délivrés que sur présentation d'une ordonnance.
Auparavant, il était possible de les acheter librement et certaines personnes utilisaient ces médicaments à titre préventif. Cette pratique était très répandue et loin d'avoir des effets bénéfiques sur la santé du lapin.

Mieux vaut prévenir que guérir

Dans tous les types d'élevage, la prévention reste la meilleure façon de soigner un animal.
Il est en effet conseillé d'administrer des médicaments uniquement en cas de nécessité, en respectant les dosages conseillés. Vingt gouttes de médicament seront plus ef-

Jeune lapin nain âgé de huit semaines et montrant encore une certaine appréhension dans un pré

ficace que dix gouttes, pourrait-on croire. C'est faux. Bien au contraire, on obtient très souvent l'effet inverse.

Pour éviter à notre animal des problèmes de santé il suffit de lui consacrer assez d'attentions afin de lui garantir :

– un habitat confortable ;
– un entretien et un niveau d'hygiène adéquats ;
– une alimentation correcte et équilibrée ;
– une vie saine et du mouvement tous les jours pour entretenir sa forme physique.

Si malheureusement, en dépit de tout cela, le lapin tombe malade, il ne faut pas le priver des soins qui s'imposent.

Mais, attention, ne faisons pas de diagnostic si nous ne sommes pas en mesure de le faire. Pour cela, il y a des personnes compétentes : les vétérinaires.

Notre première réaction face à des symptômes de maladie doit être celle d'isoler le sujet malade. Cela profitera à l'animal malade, qui pourra avoir plus de tranquillité, et aux sujets sains qui ne seront pas contaminés.

Lapin nain Hollandais

Les maladies

Coccidiose

Cause : parasites microscopiques dont les espèces les plus communes sont : *Eimeria stredai, Eimeria perforans* et *Eimeria magna*. La première s'attaque aux canaux biliaires, les autres à l'intestin grêle.

Symptômes : ils sont identiques dans les deux formes, hépatique et intestinale. Ils se manifestent par une perte d'appétit, perte de poids, et parfois une diarrhée persistante. L'animal affecté a tendance à l'apathie et reste immobile dans des positions inhabituelles. Le pelage change rapidement d'aspect et devient feutré.

Prévention : un bon niveau d'hygiène dans leur logis. En outre, dans les aliments granulés de bonne qualité il y a une dose faible de coccidiostatique qui prévient la maladie tout en développant les défenses immunitaires de l'animal.

Soin : les sujets affectés doivent être isolés et doivent suivre un traitement anticoccidien dont le vétérinaire établira le dosage et les modalités.

Entérite

Il s'agit d'une forme grave d'inflammation du tube digestif qui se manifeste de deux façons : muqueuse et hémorragique.

Cause : aliments périmés, écart importants de température, état de stress.

Symptômes : diarrhée forte, apathie, manque d'appétit, dilatation de l'estomac, température.

Prévention : alimentation équilibrée et régulière, entretien régulier de l'habitat.

Soin : alimentation saine, habitat chaud et administration d'un antibiotique très efficace.

Gale

Cause : acarien microscopique qui se propage très rapidement.

Symptômes : petites croûtes qui font leur apparition sur les parties affectées par la maladie : oreilles, tête et corps ; fortes démangeaisons qui obligent l'animal à se gratter sans cesse.

Prévention : entretien et hygiène de la cage, désinfection des accessoires et, éventuellement, utilisation épisodique de sprays ou poudres sur l'animal même.

Soin : avec du coton imbibé d'eau tiède et de désinfectant pour enlever les croûtes ; utiliser des traitements acaricides sur les animaux et dans leurs cages. Pour les formes qui frappent le corps, il convient de couper les poils autour des croûtes pour accélérer la guérison, qui a lieu au plus tard dans les deux semaines.

Myxomatose

Il s'agit d'une maladie virale à craindre car elle conduit irrémédiablement le lapin à la mort.

Cause : insectes hématophages qui se nourrissent du sang de divers animaux et propagent l'infection qui se transmet par un virus.

Symptômes : yeux gonflés, chassieux, avec tendance à une augmentation des sécrétions lacrymales ; à la base des oreilles et de la zone génitale se forment des tuméfactions, qui éclatent par la suite en augmentant le risque de contagion.

Prévention : la meilleure est la vaccination. Sinon, pendant la période des moustiques, il convient d'utiliser un insecticide efficace.

Soin : malheureusement cette maladie ne peut pas être soignée et le sujet malade meurt dans une période variant de trois à six jours après l'apparition des premiers symptômes.

Rhume

Cause : il s'agit d'une affection d'origine virale ou bactérienne, très contagieuse.

Symptômes : malaise général, poil ébouriffé, yeux chassieux et écoulements nasaux associés à un amaigrissement.

Prévention : habitat sain et alimentation riche en vitamines.

Soin : très souvent il suffit de dissoudre dans l'eau une aspirine pour enfant et d'enrichir l'alimentation avec un comprimé polyvitaminé. Il est utile d'administrer des vitamines en gouttes directement dans la bouche avec un compte-gouttes. Le malade devra se trouver dans un habitat chaud et tranquille. Dans des cas aigus, le vétérinaire peut prescrire des médicaments antivirus, qui le plus souvent sont des antibiotiques à large spectre.

Le lapin peut également être affecté par d'autres maladies. Dans ces cas, où le diagnostic est bien plus difficile, le vétérinaire saura nous conseiller le traitement le mieux adapté.
En conclusion il faut bien garder à l'esprit qu'il vaut mieux avoir recours au vétérinaire une fois de plus qu'une fois de moins.

Index analytique

Achevé d'imprimer en février 2002
à Milan, Italie,
sur les presses de Grafiche Milani

Dépôt légal : février 2002
Numéro d'éditeur : 7548